『遠野物語』へのご招待

石井正己著

発刊一〇〇年を迎える『遠野物語』

一　名著になった『遠野物語』

一昨年（二〇〇八）は、紫式部の『源氏物語』が世に現れて一〇〇〇年が経ったことが大きな話題になりました。「源氏物語千年紀」と称して、京都を中心にさまざまなイベントが行われたことは周知の通りです。学術面では、そうした話題に引かれて新資料の発見が相次ぎ、関連する出版物もずいぶん出されました。「古典離れ」が言われて久しい現代にあって、「源氏バブル」と呼べるような活況を呈したと言ってもいいでしょう。

それにならって言えば、今年（二〇一〇）は、柳田国男《やなぎたくにお》の『遠野物語』が明治四三年（一九一〇）に発刊されて、ちょうど一〇〇年を迎えます。柳田は、岩手県の遠野出身の佐々木喜善《ささききぜん》の語る話を丹念に聞いて、研ぎすまされた文語体で書きまとめました。多くの話には、山や里、家の神々をはじめ、天狗《てんぐ》・山男・山女・雪女・河童《かっぱ》などの妖怪、猿・狼《おいぬ》・熊・狐といった動物が出現します。一〇〇年前の山村に伝えられた不可思議な出来事ばかりです。

この本は三五〇部限定の自費出版であり、親類や知人に分かった残りが販売されました。泉鏡花《いずみきょうか》は筆力を高く評価し、若い芥川竜之介《あくたがわりゅうのすけ》も興味を持ちましたが、島崎藤村《しまざきとうそん》や田山花袋《たやまかたい》は趣味的な著作にすぎないと批判しました。学術的な関係者にも分けられましたが、雑誌に書評や紹介が載る程度でした。『源氏物語』が宮廷社会の話題をさらったのに較べれば、ほとんど評価されなかったと言うことができます。

しかし、昭和八年（一九三三）、遠野では遠野町郷土座談会と遠野物語朗読会を組織して、謄写版の『遠野物語』を作っています。読みたいと思っても購入できない状態だったので、町の所蔵者から借りた初版本を使って印刷し、集まって声に出して読んだと推測されます。町長は序文で、「遠野地方の物語りを蒐《あつ》めた名著」と呼んでいます。他ならぬ地元で、『遠野物語』が評価されはじめたのです。

さらに昭和一〇年（一九三五）、柳田の還暦に合わせ、日本青年館で民俗学講習会が催され、全国から集まった同志は民間伝承の会を組織します。その際に郷土研究社から出版されたのが、「遠野物語拾遺」等を含む『遠野物語　増補版』でした。その発刊を陰で支えた折口信夫《おりくちしのぶ》は「後記」で、『遠野物語』を「先生の最《もっとも》記念すべき書物」と讃えています。この頃から、『遠野物語』は民俗学の記念碑的な作品として尊重されるようになったのです。

二　山に息づく野生の思考

北上山地の中南部に位置する遠野は、山々に囲まれた小盆地です。人々は春は山菜、秋は茸《きのこ》を採るなどして、今も山の恵みを受けて暮らしています。しかし、熊に襲われる心配がありますので、必ず熊除けの鈴を身に付けて山に入ります。近年は熊が人里に現れ、玉蜀黍《とうもろこし》や林檎《りんご》を食べることがあるそうです。しかし、昔は熊に出会うのは猟師くらいでした。『遠野物語』にも、熊という男が六角牛山《ろっこうしさん》に熊狩りに入って、熊と格闘した話が見られるだけです（四三話）。

むしろ、人々が最も恐れていたのは、今では絶滅した狼だったはずです。馬を牽《ひ》いて駄賃附《だちんづけ》を行う者は、境木峠《さかいげとうげ》と和山峠の間で狼に襲われそうになり、一所に集まって周囲に火を焼《た》いて防ぎました（三七話）。しかし、狼は山中ばかりでなく、しばしば人里にも現れています。雨の日、小学校から帰る子供が二ツ石山を見ると、狼が岩の上にうずくまって吠えていたそうです（三六話）。代わる代わる吠える声はものすごく恐ろしかったと言います。

時に、小友《おとも》村の爺が酒に酔って狼の吠える声をまねると、狼は跡を追ってきます。夜が明けて見ると、馬屋の土台の下を掘って中に入って、七頭の馬を食い殺していました（三八話）。あるいは、飯豊《いいで》村の者が狼の子三匹を見つけ、二匹を殺し一匹を持ち帰ると、その日から狼が馬を襲うようになります。村人が狼狩りをすると、雌狼と力自慢の「鉄」という男が格闘になり、結局どちらも死にました（四二話）。狼は人間的な感情を持つ動物と考えられていたのです。

また、佐々木が幼い頃、祖父と山から帰ると、大きな鹿が倒れ、横腹が破れて湯気が出ていました。その時、祖父は、「これは狼が食《クラ》ひたるなり。此《コノ》皮ほしけれども御犬《オイヌ》は必ずどこか此近所に隠れて見てをるに相違なければ、取ることが出来ぬ」と言ったそうです（三九話）。祖父が孫に向かって、山で生きるルールを教えているのです。もし狼が取った鹿を横取りしたら、その家の馬が食い殺されることは、先の話からも想像することができます。ここには、人間が食物連鎖の頂点にあるというような優越感はまったく存在しません。

すでに見た話では、「人の熊」は銃を捨てて「獣の熊」に抱え付きますし、力自慢の「鉄」は上羽織を腕に巻いて狼の口に突っ込んでいます。彼らは熊や狼と対等な関係にあって、ぎりぎりの状況では素手で戦わなければ卑怯《ひきょう》だとさえ考えていたにちがいありません。食うか食われるかを生きる野生の思考は、野蛮であるという以上に、崇高なものだったと考えるべきではないでしょうか。我々は、そうした心のあり方をすっかり忘れてしまっています。

三 魂の存在を信じる人々

また、遠野の人々は動物ばかりでなく、魂の存在を身近に感じてきました。佐々木の曾祖母が亡くなったとき、火の気を絶やさないように、祖母と母が囲炉裏の炭を継いでいると、曾祖母の亡霊が通りかかりました。その際、曾祖母の衣物《きもの》の裾が炭取に触り、くるくると回ったそうです（二二話）。この一瞬に恐怖が集約しています。しかし、だからと言って、曾祖母はこの世に執着を残したわけではなく、とても親しみを持って現れているようです。

あるいは、遠野の町の豪家の主人が大病していましたが、ある日、菩提寺を訪れて和尚と話し、その晩に亡くなっています（八七話）。同じような話は土淵《つちぶち》村にもあって（八八話）、どちらも、和尚が帰りを見送らせた小僧は姿を見失い、その人が帰った跡には出された茶が畳の間にこぼれていたそうです。こうしたパターンの話が時と場所を変えて、遠野では繰り返し語られてきたことがわかります。

よく似た話に、土淵村の豆腐屋の父が普請の場所に現れ、仲間に入って仕事をしたが、その日に亡くなります。人々は「あの人は大病の筈《はず》なるに」と不思議に思ったそうです（八六話）。長く病んでいた人は死の直前、和尚や村人など親しい人に会いに行ったのです。こうした話は病人を案じる気持ちがなければ成り立ちにくいことは明白です。地縁・血縁のつながりを前提にして語り継がれてきたことは、容易に想像することができるでしょう。

しかし、亡くならずに、この世に帰ってきた話もあります。飯豊の菊池松之丞は傷寒（チフス）を病んで呼吸困難になり、魂が飛んで行って菩提寺のキセイ院の門を入ると、紅の芥子《けし》の花が咲き満ち、その中に死んだ父や息子がいました。息子に「今来てはいけない」と止められ、親族も寄り集まって喚《よ》び生かしたそうです（九七話）。いわゆる臨死体験の話です。菩提寺は死者たちが集まる場所として、とても親しいイメージを持っています。

一方、神隠しの場合、生死の境界は曖昧になります。若い娘が梨の樹《き》の下に草履を脱ぎ捨てて行方不明になります。三〇年以上経ってから老いさらぼいて、親類・知音のもとに帰ってきましたが、再び出て行ってしまいます。遠野郷の人は、今でも風の騒がしい日には、「けふはサムトの婆が帰つて来さうな日なり」と言うそうです（八話）。サムトの婆は風の又三郎と同じように、風の精霊だったにちがいありません。神隠しは異常な体験かもしれませんが、そうした場合にも、人々は大切な命の時間を抱え込んで生きてきたのです。

四　基層文化の持つ普遍性

こうした話を読むだけでも、かつて遠野では動物と人間の区別もなく、命と正面から向き合っていたことに気がつきます。今、教育において「生きる力」ということが頻りに言われますが、一〇〇年前の出来事を前にして、その言葉が上滑りしてしまう感じは否定できません。遠野にこうした話が数多く残ったのは、たぶん近代化が遅れたことに原因があるのでしょう。しかし、そこに見られる思想は決して貧しいものではありません。むしろ、今となっては新しいとさえ言うことができるでしょう。

改めて『源氏物語』を思い起こしてみるなら、なにがしの院の死霊は夕顔を取り殺し、六条御息所の生霊は葵の上を取り殺したうえ、死霊になって紫の上を危篤にし、女三の宮を出家させています。そうした平安時代に見られた魂の感覚は、日本列島の古層文化に脈々と生きつづけてきたのです。しかも、『遠野物語』は『源氏物語』より遥かに新しいにもかかわらず、原初的でさえあります。我々は意識していないだけで、こうした感覚は今もなお心の深い所に残りつづけているのではないでしょうか。

『源氏物語』よりも成立が早い『宇津保物語《うつほものがたり》』には、熊や狼が北の山にある木の空洞《うつほ》に住む母子の弾く琴の音を聞きに来るという場面がありました。母子は山の動物たちに支えられて生きているのですが、そこには神話的な思考が色濃く残ります。それは縄文時代の狩猟採集生活を彷彿《ほうふつ》とさせるほどで、『遠野物語』の世界につながっていると言えましょう。

そもそも平安京は京都盆地に位置しています。小盆地に形成される文化は、地域や時代が違っても、通底するところがあるにちがいありません。例えば、『源氏物語』では、入水した浮舟が宇治院で発見された際、宿守《やどもり》の男は、狐が二歳ほどの子を木の下にさらってきたことがあったと語っています。これはまさに神隠しであって、サムトの婆につながります。「森かと見ゆる木」（手習巻）というのは、天狗が多く住むと言う天狗森（九〇話）に相当すると思われます。紫式部も、『遠野物語』のような世界をよく認識していたはずです。

誤解を恐れずに言えば、『宇津保物語』はもちろん、『源氏物語』においても、『遠野物語』のような世界が息づいているのではないでしょうか。人間の原初的な思考を伝える話は、西日本と東日本、平安時代と明治時代といった違いを越えて、長く語り継がれてきたにちがいありません。世界史的に見れば、世界各地に残る狩猟採集の精神世界に行き着くのかもしれません。もしそうならば、『遠野物語』は古臭い話などではなく、実に豊かな遺産として、日本国内はもとより、世界を視野に入れて読まれるべき価値があるということになります。

目次

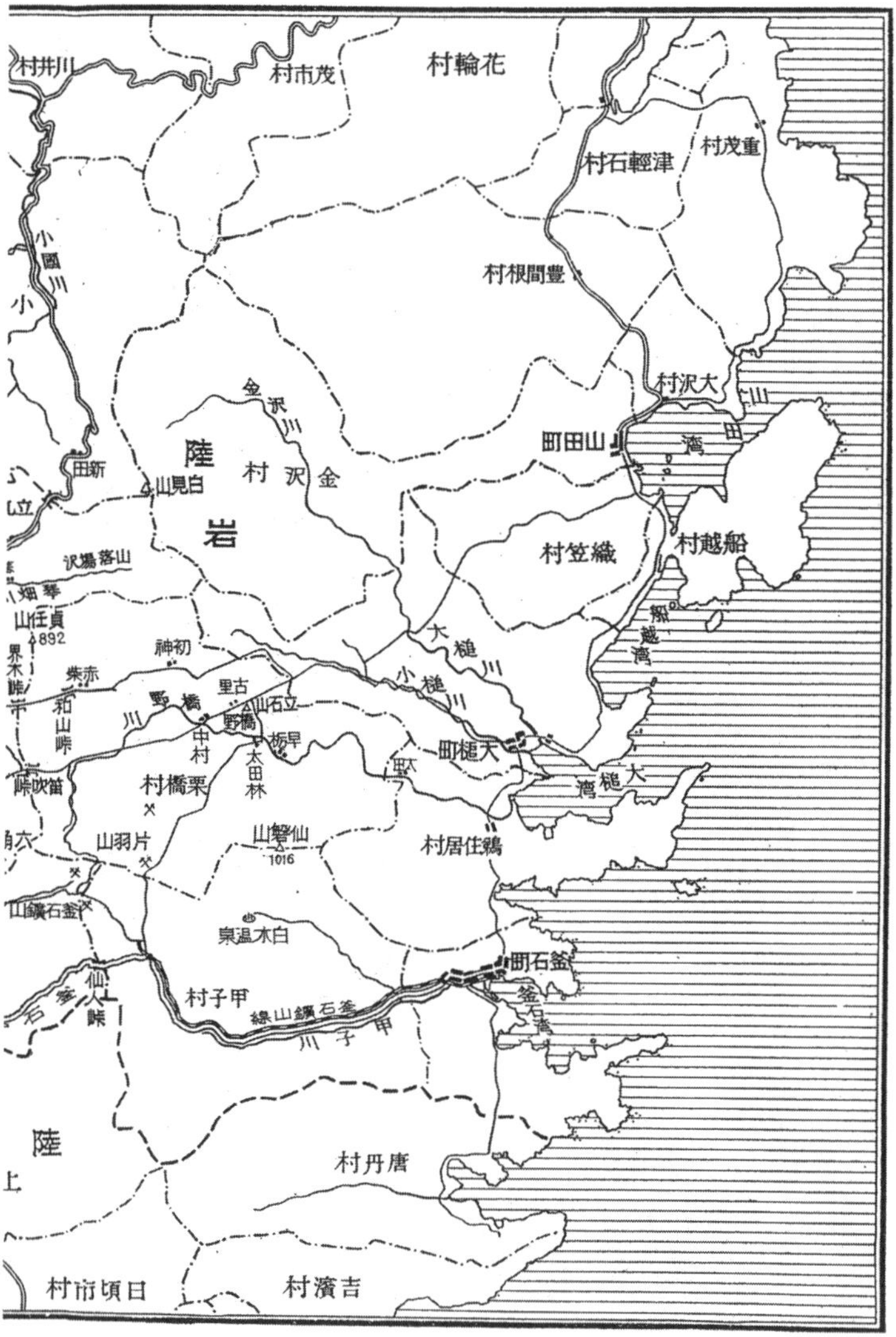
川井村
茂市村
花輪村
津軽石村
重茂村
豊間根村
小國川
小
大沢村
山
金沢川
山田町
湾
田
陸
白見山
金沢村
新田
岩
織笠村
船越村
山落場沢
琴畑
貞任山
892
初神
大槌川
船越湾
赤柴
古里
小槌川
橋野
立石山
野橋
川
中村
早栃
大槌町
太田林
栗橋村
笛吹峠
大槌湾
片羽山
仙磐山
1016
鵜住居村
釜石鑛山
白木温泉
釜石町
仙人峠
釜石湾
甲子村
釜石鑛山線
甲子川
陸
上
唐丹村
日頃市村
吉濱村

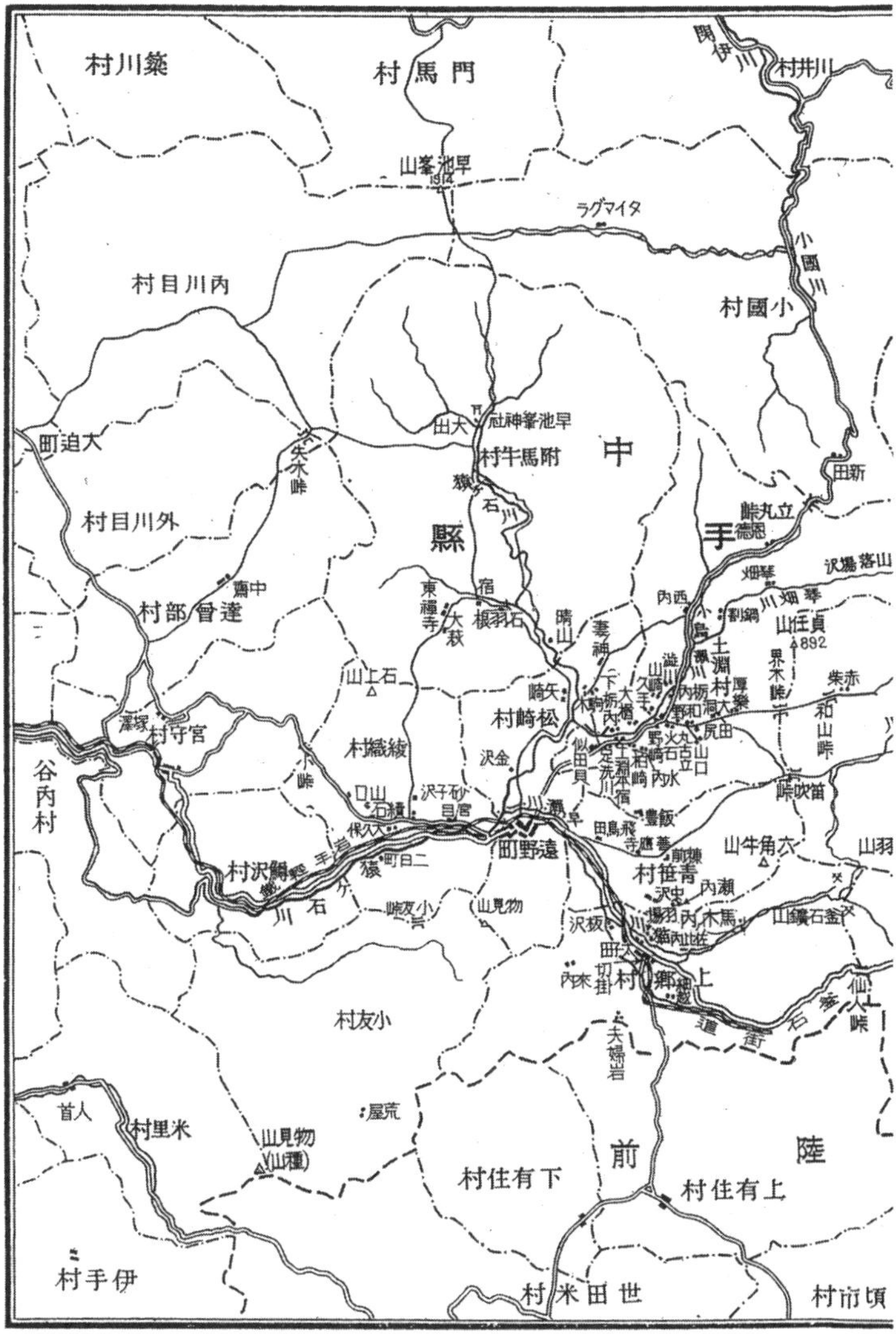

『遠野物語　増補版』所収「遠野郷本書関係略図」（『柳田国男全集　2』より）

近代日本と『遠野物語』

二〇〇七年六月二日、遠野物語ゼミナール東京会場・基調講演

一　近代日本を考える広場としての『遠野物語』

今日は、東京の吉祥寺・武蔵野公会堂に遠野の方々をお迎えして、さまざまな皆様のご参加を得て、大きな出会いの場ができました。こうして東京でゼミナールを開くのは、どういう意義があるのかということも含めて、『遠野物語』の現代的な意義をお話ししてみたいと思います。これまで遠野で『遠野物語』を取り上げることはあっても、本格的に東京で『遠野物語』を議論するのは、たぶんこれが初めてのことでしょう。この東京開催は、それこそ後世の歴史に残る事件になると思います。

『遠野物語』は明治四三年（一九一〇）、正確には六月一四日に発行されています。あと一二日で九七年を迎え、まもなく一世紀になろうとする、そんな時代を迎えています。本の最後には奥付がありまして、発行者は柳田国男《やなぎたくにお》ですので、これは自費出版ということになります。三五〇部が番号入りで刷られましたが、定価は五〇銭だったことがわかります。ほとんどは知人に差し上げたようですけれども、一

部販売されたことが確かめられます。

この三五〇部を自費出版したにすぎなかった本が、日本史で学ぶ中央の歴史とは違う、もう一つの歴史や文化を認識することを促しました。私は一五年通いましたけれども、『遠野物語』という場所は、今なお汲めどもつきぬ魅力を持っています。柳田が発見した水脈は、大変豊かなものだったと言えましょう。今日は、そのようにして汲み上げてきた成果をご披露して、できるだけ多くの皆様と共有したいと考えています。

ゼミナールの導入に当たって、「近代日本と『遠野物語』」というやや大きなテーマを設定いたしましたけれども、実際にはこの間《かん》お話ししてきた事柄の整理のような側面を持ちます。遠野では講演会やシンポジウムで、もう七〇回くらいお話ししてきたのではないかと思います。ここには、七〇回のうち六九回くらい聞いてくださっている方もあります（笑い）。また石井は同じ話をしていると思われるのも癪《しゃく》なので、とにかく遠野で話すときには必ず違う話をしようとしているのですが、最近はなかなかつらいものになってきています。ですから、今日は新しいお話というよりは、私の考えてきたところを皆様に知っていただきたいと考えてお話しすることにします。

近代日本というのを考えました時に、江戸幕府が大政奉還、王政復古の大号令によって崩壊し、新政府が成立します。明治元年（一八六八）が明治維新、日本の近代史の始まりです。しかしながら、江戸時代は鎖国によって閉ざされていましたけれども、その中で非常に豊かな文化を成熟させてきたと考えたほうがいいように思います。むしろ、日本では内なる近代化が進んでいて、文明開化を迎え入れる準備が十分にできていて、そこに新しい西洋文化が入ってきて、近代日本が成立したのだろうと思います。
ただ、近代国家というのは日本のみならず、それぞれの国益を重視します。帝国主義、そして強く言えば軍国主義が進んでいき、ヨーロッパを中心に植民地を拡大していきます。日本も遅ればせながらそういう側面を持って進んでいったわけです。明治二七、八年（一八九四、五）に日清戦争、明治三七、八年（一九〇四、五）に日露戦争が起こり、明治四三年には「韓国併合」になります。『遠野物語』も、そういう時代の流れと無縁ではなく成立したはずです。

松岡約齋翁平生好みて此種の題目を研究したまひしが若くして別れまつりしかば終に其說を聞くことを得ざりき今若し世に在りて此書の成るを見たまはゝ必ず欣然として卷を飜へし且ほゝゑみて我を見たまふならん　國男
ゑをりすとたゝずむ道の山ぐちに又かへりみるこしかたの雲

（石神問答の序より）

『石神問答』と柳田国男（明治43年撮影）
（池上隆祐編『石』昭和７年）

柳田国男は明治八年（一八七五）、佐々《ささ》木《き》喜善《きぜん》は明治一九年（一八八六）の生まれですので、ともに明治になってから生まれていて、明治維新を経験していません。明治四三年の一二月、柳田国男は『時代ト農政』という本を出します。これは、そうした時代と農業政策がどう向き合うのかという提言を語った本ですけれども、当時柳田国男は法制局にいて、「韓国併合」の条約作りに関与していました。

そのため、一九九〇年代には、村井紀《むらいおさむ》さんの『南島イデオロギーの発生』、川村湊《かわむらみなと》さんの『「大東亜民俗学」の虚実』などが出て、二〇世紀末、柳田国男は強いバッシングにあったわけです。法制局にいて「韓国併合」の条文を作ったのは、植民地主義に加担した責任がある、と言うのです。柳田がそのポストにいたということは間違いのない事実です。ただし、具体的な事柄はまったくわかりません。だが一方で、植民地主義からは微妙な距離を取りながら、彼が一生を過ごしたこともまた事実ですね。

昭和一九、二〇年（一九四四、五）、太平洋戦争の戦時下の暮らしぶりは、『炭焼日記』というかたちでちょうど二年分が公開されています。「炭焼」というのは、世田谷区成城町の自宅の庭で炭を焼くのですが、うまくいかなかったことにちなんだ命名です。炭焼きに失敗するというのは、彼が民俗学者ではあっても、民俗の実践者ではなかった事実を端的に示しています。植民地主義に加担したことをあげつらう以上に、このことはとても重要かもしれません。やがて昭和三七年（一九六二）に数え八八歳で亡くなりますが、その生涯はまさに日本近代の歩みと一致していたと言っていいでしょう。

二　「山」から「島」への時間認識の変遷

柳田国男の近代観を考えるうえでとても興味深い一冊に、明治四二年（一九〇九）二月に発行された『後狩詞記《のちのかりことばのき》』という本があります。柳田は、明治四一年（一九〇八）の五月から八月にかけて九州旅行をします。これは公人としての視察旅行ですけれども、その間に九州を隈なく歩き、宮崎県の山中の椎《しい》葉《ば》村へ入っていくわけです。そうすると、もう二〇世紀に入っているにもかかわらず、九州山地ではなお猪狩りが行われている事実にびっくりします。日本の近代にはさまざまな時間が流れていて一様ではない、ということに気がつくわけです。

そこで、『後狩詞記』の「序」では、「自働車無線電信の文明と併行して」「猪狩の慣習が正に現実に当代に行はれて居る」と言っています。自動車が走り、無線が通じ、電信が届くというのは、まさに近代文明です。明治末期になると、西洋からの文明開化が国内に定着したのでしょう。そういう文明開化が進む一方で、椎葉では現実に猪狩りの習俗や焼き畑の農業が行われていました。縄文的な生活が変形を受けながらも二〇世紀に入ってなお息づいていたのです。犬を使った猪狩りは、現在でも行われております。

この発見は大きかったと思います。つまり、日本列島には、縄文的な古い世界と西洋的な新しい世界が共存している。文明開化の日本には、まだ知られざる文化がたくさん埋もれているのではないか、と気づくのです。海外に異文化を見るのではなく、日本の国内にも近代化とは異質な多様な文化があるのではないか、という認識は、やがて民俗学へ流れ込んでいくのだろうと思います。

その時の時間認識を表す有名な一節が、やはり「序」にあります。「思ふに古今は直立する一の棒では無くて。山地に向けて之《これ》を横に寝かしたやうなのが我国《わがくに》のさまである」というのです。文語体で難しいんですけれども、古今という時間は平地から山地に向けて一本の棒を寝かしたようだ、というのは、平地には「今」があっても、山地には「古」が残っているという認識です、日本の風景には時間が潜在しているというのは、とても重要な見方です。

柳田は、大正三年（一九一四）に『山島民譚集《さんとうみんたんしゅう》（一）』という本を出しますけれども、日本列島というのは「山」と「島」からできていて、遠野に限らず、平地が少ないわけです。和辻哲郎《わつじてつろう》の『風土』を持ち出すまでもなく、そういう自然環境の中で日本人は生活してきた。柳田は後に島に目を向けて、昭和二六年（一九五一）に『島の人生』を著しますが、初期の柳田が注目したのは山であり、大正一五年（一九二六）の『山の人生』だったわけです。この時期の柳田にとって、山は近代日本を相対化するための特権的な場所だったはずです。

柳田は「我国のさま」と述べますが、これは非常に日本的なものだという判断です。後から新しい文化がやってきたときに前の文化を一掃してしまうのではなく、その文化の上に畳み重ねて重層化させていきます。柳田国男は地理的な感覚の中から、日本に眠る古層の文化を探し出そうとするのです。時間というものを空間から認識しようとしたのは、とてもユニークなところでしょう。この「我国のさま」を重く読めば、そこには比較文明論的な視点があったと見ることも可能です。

ただし、柳田の時間認識は、昭和になると微妙に変わってゆきます。日本を列島として見るのですけれども、「山」の問題が切り捨てられて、むしろ、「島」が重視されています。昭和五年（一九三〇）に『蝸牛考《かぎゅうこう》』という方言研究書が発表されます。「蝸牛」というのはカタツムリのことですけれども、東京朝日新聞社を仲立ちにアンケート調査を行い、その分布を日本地図に落としてゆくのです。

方言を地図に置いてみると、京都付近はデデムシ、その外側はマイマイ、その外側は我々が知っているカタツムリ、その外側にはツブリで、一番外はナメクジになる、というのです。我々がカタツムリと呼んでいる動物は、日本列島の中でさまざまな方言で呼ばれていて、デデムシからナメクジへ向かって同心円状に広がっていて、その変化には規則性があると見たわけです。そこで彼が立てたのが「方言周圏論」という仮説だったのです。その時、重視されたのは、列島の周縁にある島々でした。

このようにして文化が京都から地方へ広がっていったという認識に対しては、大きな批判もありますけれども、フランスの言語地理学で習った方法を使って、日本で行った実験でした。その結果、柳田国男は「南と北の一致」ということを言います。ただし、そのときの北から、北海道のアイヌは切り捨てられています。金田一京助《きんだいちきょうすけ》によってアイヌ語は日本語と違う言語だとされましたので、柳田国男の方言論の中にアイヌ語は入ってこないのです。平地と山地から南と北へ、柳田の空間的時間認識が微妙にねじれていくことが確認できます。

三　地方に重点を置いた歴史認識の必要性

そうした変化を念頭に置きながらも、今、問題にしたいのは、後期の柳田国男からは捨てられてゆく山の問題です。『遠野物語』にはそれが明確に出てまいります。ただし、柳田が考えた想定のようにはうまくいかないんですが、それも後ほどお話しいたします。

遠野のみならず、東北という場所を考えるときに、どうも私どもが小学校から高等学校で学ぶ日本史では説明がつかないものがたくさん出てきます。例えば、飛鳥、奈良、京都、鎌倉、江戸、東京と、文化の中心地が動きます。そして、日本史では何年にどんな事件が起きたか、例えば、「いい国（一一九二）作ろう鎌倉幕府」というふうに覚えるわけです。最近はアイヌや沖縄への認識が変わってきましたが、時間を正確な年表で認識するという思考は、やはり中央の歴史認識です。

では私どもが東京で日本史を学んで、遠野のことを学ぶかといったら、一切出てきません。つまり、日本史というのは常に中央の立場に立って作った歴史認識だということになります。そうしてみると、地方に住んでいる方々はたぶん困ってしまうはずです。そのときに生まれたのが郷土研究や郷土教育で、やがてそれは民俗学や戦後の社会科教育へ受け継がれます。自分たちの小さな歴史を見直し、それが大きな日本史とどう関わるのかという認識を促します。地方の振興というと経済ばかりが優先しますが、精神的にはこの問題がとても大きいはずです。

実際、日本中歩いてみますと、そういう文化の中心地のほうがむしろ異例ではないかとさえ思います。地方では、歴史学が扱える文書は江戸時代までで、室町時代から奈良時代へ遡れる文書は非常に少ない。むしろ、そうした古い時代は文書ではなくて、遺跡や遺物から知るのであって、考古学が扱う分野になります。地方の歴史を考えようとするときには、歴史学と考古学が二本の大きな柱になるのです。

考古学で言えば、東北には縄文時代の遺跡がたくさん出ていて、近年では奈良・平安時代の遺跡も見つかって、予断を許さない状況にあります。しかし、鎌倉・室町時代の遺跡や江戸時代の遺跡については、関心が薄いように思います。現段階では、東北では平泉がむしろ例外的に中央とつながっていたと言っていいでしょう。平安時代の仏像などはたくさんありますけれども、考古学と歴史学をつなぐ時代がまだまだ見えてきません。

そこで第三の歴史資料として重要になるのが民間伝承でしょう。村の人々がさりげなく伝えてきた民間伝承の中に、埋もれた歴史が発見できるのではないか。それを自分たちの財産にしていかないと、地方の歴史は痩せ細ってしまいます。そうした民間伝承を対象に採集や研究を進めてきたのが民俗学でした。柳田国男は、そうした地方の民間伝承はつまらないものではなく、日本の歴史につながってゆくものであることを説きました。誰もが差別なく参加できる学問というのは、アカデミズムからは嫌われますが、地方文化にとって大きな励ましだったはずです。

『遠野物語』は民俗学が確立する以前の作品ですが、そうした営みへの原点になったことは確かです。柳田国男は民俗学の父などと言われますが、これは生涯唯一の聞き書きでした。昭和二四年（一九四九）、佐渡の『北小浦民俗誌《きたこうらみんぞくし》』を書いていますけれども、これは倉田一郎《くらたいちろう》の書き残したものを使っています。「全国民俗誌叢書」のこの他の民俗誌と比べても相当異質です。そうしたことに対する批判もありますが、大きな実験ですから否定すべきことではありません。

そうしたこともあって、『遠野物語』は民俗誌だったと見る方もあります。確かに原点ですが、それをいくら言っても、『遠野物語』の本質には迫れません。むしろ、マニュアル化以前の実験として、豊かな可能性を考えてみるべきでしょう。『遠野物語』は柳田国男にとって出発点の一つですが、民俗学や民俗誌から見るとやはり異質です。実は、民俗学者は『遠野物語』は原点だとしながらも、その内実にはほとんど入ってゆきません。ルーツ探しならばともかく、民俗学者には扱いにくい作品だったからでしょう。『遠野物語』の研究は、すでに出発点からして民俗学を離れ、異分野に開かれていたのです。

話を戻せば、『遠野物語』の話し手だった佐々木喜善は遠野に戻って暮らし、書き手になっていきます。実は、『遠野物語』の成立からして、喜善は単なる話し手ではありませんでした。残っている資料を分析していくと、清書本には喜善が書いたと思われるものを貼りつけたりしています。文字を知らない話し手ではなく、書き手として参加していたのです。形式的には書き手と話し手に分けて説明しますが、実際には合作ですし、内実はそう単純ではありません。

佐々木喜善は『遠野物語』に見られたザシキワラシやオシラサマ、そして昔話の採集と研究に深く入っていきます。特に昔話採集の功績は大きく、日本の先駆者だということで、言語学者の金田一京助は没後、「日本のグリム」と呼んだと言われています。グリム兄弟が『グリム童話集』を作ったのは一八一二年ですから、一〇〇年遅れて日本でも研究が始まったわけです。そうした役割を果したのが喜善だったのですが、どうも柳田の陰に隠れてしまって、なかなか見えにくいところがあります。

昨年の夏、日本民話の会の皆様が遠野へ来てくださったときに、一歩踏み込んで喜善のことを話してみました。喜善は昔話だけではなくて、もっと幅広く伝説や世間話まで含めた「民話」と呼ばれる研究の先駆者と考えたほうがいいのではないか、という提案でした。例えば、日本で最初に「民話」という言葉を使ったのは、大正一一年(一九二二)の『江刺郡昔話《えさしぐんむかしばなし》』の「民話」という分類です。これは佐々木喜善の著書です。

あるいは、佐々木喜善のザシキワラシ研究には、こんな話があります(『郷土研究』第二巻第六号)。鍋《なべ》倉山《くらやま》の裾野に遠野小学校があったんですが、小学校が城のお倉を校舎に利用していた時期があります。明治の半ばぐらい、その小学校にザシキワラシが現れたというのです。ザシキワラシは倉に住む場合にクラワラシとも呼ばれますが、城のお倉が使われたために、校舎に現れたのです。これは「学校の怪談」が報告された最初でしょう。喜善は「現代民話」の発見者だったと言ってもいいはずです。

さらに、明治四三年七月には、喜善の通った土淵《つちぶち》小学校にザシキワラシが現れました。それが小学校一年生の子には見えるけれども、大人には見えないというのです。おもしろいのは、町の人たちが土淵小学校にザシキワラシを見に行くのですね。「流行神《はやりがみ》」みたいですが、明治四三年七月というのは『遠野物語』発刊の翌月です。ザシキワラシが生きていて、家や倉から離れて学校にまで広がっていくのです。遠野というのは単なる田舎ではなくて、後でお話しするように、城下町を中心に形成されてきた都市を含みます。『遠野物語』の世界は現在進行形であり、喜善は「都市伝説」までもちゃんと書いているのです。

四　小盆地宇宙のモデルになった遠野郷

もう少し踏み込んだお話をしてみたいと思います。昭和一〇年（一九三五）の『遠野物語　増補版』には、「遠野郷本書関係略図」という地図が載っています（14頁参照）。これは明治四三年の初版にはありません。この時、『遠野物語』を地図と一緒に読むということが行われはじめたのです。出来事の起こった場所を地図で確認しながら読むというのは、非常に学術的だと言っていいでしょう。ちょうど民俗学の理論と組織が確立した時期ですが、そうしたことが『遠野物語』の体裁にも影響していることがわかります。「索引」もそうですが、『遠野物語　増補版』は民俗学にふさわしい本に変質してゆくのです。

地図に遠野町がありますけれども、そこがかつての城下町の中心地です。上に早池峰山《はやちねさん》があり、一九一七メートルです。右には青笹《あおざさ》村の隣に六角牛山《ろっこうしさん》、一二九四メートルがあります。そして、遠野の町場からはなかなか見えにくいのですが、綾織《あやおり》村のすぐ上に石上山《いしがみさん》（石神山）、一〇三八メートルがあります。これがいわゆる遠野三山です。こういう山々に囲まれた小盆地であることがわかります。

先年亡くなった文化人類学者の米山俊直《よねやまとしなお》さんが社会学者の加藤秀俊《かとうひでとし》さんと二人で、昭和三〇年代に遠野を訪ねています。まだ観光地化される前の遠野です。そして『北上の文化』という本を昭和三八年（一九六三）に出しています。副題は「新・遠野物語」です。若かったお二人が、自分たちで新しい『遠野物語』を書いたのです。

これがとても貴重なのは、『遠野物語』が忘れられていた戦後の遠野の姿をとてもよく記述しているからです。彼らが使った方法は二つあります。一つは近世の歴史書を集めた『南部叢書』を読み込むことで、もう一つは土地の人に会ってライフヒストリーを聞くことでした。そして、文献と聞き書きを織り交ぜながら『北上の文化』を書くのです。それはむしろ、『遠野物語』への挑戦だったと言っていいでしょう。

その後、米山さんは、アフリカをはじめとして、世界中を見てまわります。そうした世界的な視野を経て、二六年が経った昭和六四年（一九八九）、『小盆地宇宙と日本文化』という本を出しました。その中で、遠野は典型的な小盆地宇宙だというのです。確かに、盆地の中央に立つと、ぐるっと見わたせばなだらかな山が見えます。そういう中で、遠野の人たちは暮らしているわけです。

この小盆地はどうなっているのかというと、盆地底に町があります。南部家一万石の城下町だったところです。遠野というのは山深いので、さまざまな伝承が残ったのだと言われてきました。柳田自身も、『遠野物語』の序文を読むと、そう考えていたように思います。しかし、一五年通ってみると、それは違うのではないかと考えるようになりました。遠野は城下町の都市文化を中心に持っている場所なので、周辺部にまで豊かな文化がきちっと息づいた、と考えたほうが説明しやすいと思うのです。

そこで、最近は城下町遠野の暮らしについてあれこれ考えています。遠野藩は鍋倉城にお殿様がいて、その裾野に武士を身分に従って、近い場所から住まわせていくのです。その外側には一日市《ひといち》を中心に豪商たちが住み、さらに外には職人たちが暮らしました。そして、その奥には寺町が続きます。そのようにして、整然と町ができあがっています。遠野は空襲に遭っていませんので、今でも町場の風景から城下町の暮らしが透かし見えます。

近代になって士農工商の身分制度が崩れたのは、確かにいいことだと思いますけれども、一方ではかつての文化の質の高さも一緒に失ったように思います。城下町は、参勤交代を挙げるまでもなく、京都・大坂や江戸の文化が直接入ってくる場所で、それが遠野の文化水準であったように思うのです。遠野南部氏が持っていた美術品を売り立てた目録が残っていますが、それを見ると、驚くべきものが集まって

遠野盆地（遠野物語研究所提供）

いたことがわかります。

米山さんは、遠野の小盆地に何を見たかというと、盆地底には町があり、その周辺の平地には水田があって稲を作り、山へ差しかかる丘陵部には林檎《りんご》などの果樹園があります。そして、そこから山へ入っていくと林があり、森があります。今ではもうほとんどなくなりましたけれども、そこでは狩猟採集が行われてきたわけです。

その山地も自然ばかりが強調されますが、地下には豊かな鉱脈があって、宮沢賢治《みやざわけんじ》は遠野の山地に埋まっている鉱脈を見ています。写真家で民俗学者の内藤正敏《ないとうまさとし》さんは、遠野へやってきて金属民俗学を作り出します。柳田は稲でしたけれども、金属からの視点も重要だと考えて、金属に関わる民俗から『遠野物語』を読み替えてゆくのです。これもとても優れた研究です。

話を戻しますと、米山さんの「小盆地宇宙論」が重要なのは、そこに歴史認識があるからです。実は町場には、江戸時代からの文化が今も息づいています。三月の「町家のひなまつり」には、商家を中心に、お蔵に眠っていた江戸時代のお雛様が次々と出てきます。それらを見ると、後進地どころか、遠野の文化水準がいかに高かったかがわかります。そして、平地には水田稲作の弥生文化が生きていて、山地には、衰えたとはいえ、狩猟採集の縄文文化が生きている。春の山菜、秋の茸《きのこ》に、遠野の人々はそわそわしていますが、それは縄文以来の「野生の思考」だと思います。

丘陵部には、旧遠野市だけでも三〇〇カ所を越える縄文遺跡が眠っていることが確認されています。宮守町《みやもり》が増えれば、その数はおそらく五〇〇カ所くらいになるでしょう。遠野の日当たりのいい丘陵地を掘れば、だいたい縄文遺跡が出てくることになります。大型住居一七棟を含む綾織新田《あやおりしんでん》遺跡は国指定史跡になりましたが、あれが単独で存在したはずはありません。縄文の暮らしはずっと昔に離れているのではなく、東北の場合、遺跡と同様、すぐ側にあると考えたほうがいいと思います。

つまり、簡単に言ってしまうと、遠野盆地というのは、外側から縄文時代、弥生時代、そして、江戸時代から現代に至る歴史が風景の中に埋もれていることになります。遠野というのは、そうした小盆地宇宙のモデル地区として選定していいくらい見事な景観です。風景の中に時間があるというのは、先ほど柳田国男が立てた仮説とも触れ合うところがあるはずです。柳田国男はもちろん、米山さんにしても内藤さんにしても、遠野と出会いがいかに大きかったかがわかります。

五　遠野の「はじまりの風景」と湖水神話

もう少し遠野の自然と神々のお話をしてみたいと思います。一話は「遠野郷は今の陸中上閉伊《カミヘイ》郡の西の半分、山々にて取囲まれたる平地なり」という一文から始まります。そして、「新町村にては遠野、土淵、附馬牛《ツクモウシ》、松崎、青笹、上郷《カミガウ》、小友《ヲトモ》、綾織、鱒沢《マスザハ》、宮守、達曾部《タツソベ》の一町十ケ村に分つ」とし、「今日郡役所の在る遠野町は即ち一郷の町場にして、南部家一万石の城下町なり」とまとめます。「題目」で「地勢」に分類したとおりです。

とても重要なのは、「此地へ行くには花巻《ハナマキ》の停車場にて汽車を下り、北上川を渡り、其《ソノ》川の支流猿ケ石《サルガイシ》川《ガハ》の渓《タニ》を伝ひて、東の方へ入《イ》ること十三里、遠野の町に至る」とあることです。これは遠野への道案内ですが、同時に読者を物語の世界へ誘う叙述です。「花巻の停車場にて汽車を下り」からは、柳田が想定した第一読者が東北本線に乗ってやってくる人たち、つまり、東京に住む都会人だったことがわかります。それは、序文にいう「平地人」と言ってもいいでしょう。

ここから考えられることのもう一つは、『遠野物語』が『風土記』に似た構造を持っているということです。三二話の頭注には、「宛然《ゑんぜん》として古風土記をよむが如し」とあって、『風土記』を意識していたことは明白です。『風土記』は中央に向かってその国の入口から書かれていますが、『遠野物語』にも同じようなことが言えるはずです。これは後で言うように、井上ひさしさんが「収奪」と言ったこととも深く関わるのですが、『遠野物語』は、近代の『風土記』という一面を持つはずです。

柳田国男が第一読者として想定していたのは、東北本線でやってくる人、つまり、東京人だったということはとても重要です。この東京会場で『遠野物語』を考えてみようとした最大の理由はここにある、と思っています。単なる人集めではなく（笑い）、『遠野物語』を新たな視点で読み直すためには、どうしても東京という場所が必要です。『遠野物語』の内部にそうした仕掛けがあるとしたら、このゼミナールでは、そうした力学に沿ってどんな理解ができるのか、そこをしっかり問うてみたいのです。

ただし、逆に言えば、遠野人たちは、「花巻の停車場にて汽車を下」るわけではありませんから、『遠野物語』の第一読者から排除されていることになります。そのずれを遠野人たちがどのように受け止めて、自分たちの『遠野物語』にしていくのかということは、そう簡単ではありません。『遠野物語』を町づくりに生かすならば、この現実と正面から向き合うことが必要です。このことは、また後で触れます。

その後には、「山奥には珍らしき繁華の地なり」とあります。これを語った佐々木喜善の中に、そういう思いがあったのでしょう。「山奥」と「繁華の地」との間に矛盾を感じ、「珍らしき」と言ったのです。しかし、「繁華の地」ということは、遠野が城下町であったことを考えれば、決して不思議ではありません。この一節は、北上山地の小盆地に都市文化が形成されたことをよく示します。それは、遠野の独自性とも言えます。

続いて、「伝へ言ふ、遠野郷の地大昔はすべて一円の湖水なりしに、其水猿ケ石川と為りて人界に流れ出《イ》でしより、自然に此《カク》の如き邑落《イフラク》をなせしなりと」とあります。どのようにして土地が生まれ、そこに村落ができたかという神話的な起源を語りますが、湖水が壊れた原因はもう不明になっています。日本の盆地にはかつて湖だったという伝説がたくさんあり、巨人が蹴飛ばして湖の縁が壊れて水が流れ出たなどと語ります。けれども、遠野の伝承は断片化していて、もうわからなくなっています。それが『遠野物語』の位相だということになります。

昭和一〇年の増補版に入った「遠野物語拾遺」を見ると、遠野の町の宮家という家のお話が出てきます（拾遺一三八話）。宮家の元祖が今の気仙口《けせんぐち》、つまり陸前高田から気仙川を鮭《さけ》に乗ってきたというのです。鮭に乗れるのかなと思いますけれど（笑い）、鮭《さけ》の大助《おおすけ》という巨大な鮭に乗ってくる話は東日本に広くあります。鮭の遡上する川にはだいたいこの伝承があるようです。

その時、遠野郷は一円湖水で、宮家の元祖は今の物見山の岡続き鶯崎《うぐいすざき》のに住んだが、鶯崎に二戸、愛宕山《あたごやま》に一戸、その他穴居の人たちがいたそうです。元祖が山に猟に行くと、鹿の毛皮を着ているのを見て、鷲《わし》が襟首《えりくび》をつかんで攫《さら》って行った。本当にそんなことあるのかと思いますけれど（笑い）、昔話には「鷲に攫《さら》われた子」が偉人になると語る話がたくさんあります。これは、宮家の元祖が偉人であることを表す伝承だったのです。

鷲が南の国に行って大木の枝に羽を休めたので、その人は鷲を刺し殺して、下着の級布《まだぬの》を切り裂いて縄を作って下ります。級布はオオバボダイジュで織った布のことで、衣類の歴史が見られます。そして海端へ下りたら鮭が上がってきたので、その背に乗ってまた遠野に戻ったというのです。鮭との不思議な因縁のある家ですね。「猟」「鹿の毛皮」「級布」、どれもみな縄文的な暮らしにもとづいた要素になっています。

また、愛宕山に住む倉堀《くらほり》という家の先祖が御器《ごき》洗場《あらいば》に出ていると、鮭の皮が流れてきたので、鶯崎に何か変わったことがあるにちがいないと言って、船で助けに行った話もあります（拾遺一三九話）。宮家は鮭と密接につながる家として知られていたことになります。そして、以来、宮家では決して鮭を食べなくなったというタブーの発生を語ります。「変事」の内容は具体的にわかりませんが、これで宮家よりも倉堀家のほうが力を持ったことが想像されます。

また、宮家には開けると眼が潰れるので、開けてはならない箱がありましたが、当代の主人が眼が潰れてもよいからと言って三重の箱を開けてみると、中には市松紋様《いちまつもんよう》のような布片《きれ》が一枚あった、という話もあります（拾遺一四一話）。市松紋様は白と黒の四角が交互になった碁盤状の模様です。これはタブーを破った話ですが、家宝として封印したのは布片ではなく、鮭の皮でしょうね。しかし、信仰心が薄れ、始祖神話が崩れてくると、鮭の皮は布片にしか見えなくなるのです。もちろん、開けても眼が潰れることはなかったでしょう。

箱を開けると目が潰れるというのは迷信にすぎない、と退けることは今ならば簡単でしょう。そうした合理性というのがまさに近代的な精神だからです。「遠野物語拾遺」のこれらの話は、神聖な神話が崩れ、信仰が薄れていく、そういう変容の中ではじめて記録されたはずです。つまり、前近代と近代との狭間の中で、『遠野物語』は後先もなく書かれたのです。それにしても、遠野はかつて湖だったという「はじまりの風景」がとても豊かな精神の源泉になることは、十分想像していいでしょう。

六　三山神話と性の対称性のある社会

そして、二話には、先ほど説明した遠野三山の鎮座神話があります。大昔、女神が三人の娘を連れて高原にやってきて、今の来内《らいない》村の伊豆権現《いずごんげん》の社のあるところに泊まりました。「遠野郷本書関係略図」

には遠野町の南に来内という地名があって、そこに伊豆権現があります。この話は伊豆権現が祀られる前の歴史ですが、そういう神聖な場所なので、後に伊豆権現を勧請したのです。『遠野物語』は今のどこで起こった出来事であるかを克明に書いているので、いろいろな場所に「遠野物語遺跡」がありますが、来内もその一つです。

　母神が、今晩、良い夢を見た娘に良い山を与えようと言うと、夜深く天から霊華が降ってきて長女の胸の上に乗りますが、三女が目覚めてこっそりそれを自分の胸の上に載せます。その結果、三女が最も美しい早池峰山の女神になり、長女と次女が他の二つの山の女神になります。長女が六角牛山、次女が石神山だという説と、長女が石神山、次女が六角牛山だという説があります。昔話では三兄弟（三姉妹）の三番目が成功しますが、この話も同様です。『遠野物語』を知っていると、三山は単なる美しい山ではなく、女神の住む山として見えるはずです。

　そして、この話は、「若き三人の女神各《オノオノ》三の山に住し今も之を領したまふ故に、遠野の女どもは其妬《ネタミ》を畏れて今も此山には遊ばずと云《イ》へり」と結びます。「今も」が重要です。「大昔」のことが「今も」生きているわけですから、神話は死んでいないのです。三人の女神が領有しているので、遠野の女性たちが嫉妬を恐れて登らない、という習俗がこの神話を維持する装置になっているのです。

　実際、遠野三山は、戦前までは女性が登らない山でした。家族連れでは登ったんだとも言われていますが、女性が登ってはならないタブー、つまり、女人禁制は維持されたようです。それとともに、遠野三山は、男性が一人前として認められるためにはかけなければいけない山でした。性差が明確で、しか

牛石（綾織町）

姥石（綾織町）

も対称性がしっかりしていたのです。今は男女同権、共同参画ですから登っていい山になっているのは良いことです。けれども、山に対して持っていた緊張感は、社会を維持するうえでも重要だったはずで、それは『遠野物語』の中にかろうじて残ったということになりましょうか。

　こうした女人禁制を維持するために、早池峰山や石神山には姥石《うばいし》の伝説があります。石神山の話は、昔、一人の巫子《みこ》がこの山は女人禁制でも、私は神に仕える者だからかまわないと言って、牛に乗って石神山に登っていくと、神の怒りを買って大雨風に吹き飛ばされて、姥石と牛石《うしいし》になってしまった、といいます（拾遺一一話）。

　今も石神山に登っていくと、姥石と牛石があります。我々にはただの石にしか見えませんけれども、女人禁制が生きている時代には、ここから先に行くと、こうなってしまうというリアリティーのある石だったはずですね。日本中に女人禁制の山があったわけですけれども、だいたいそういう境界部分を持っています。でも、逆に言えば、ここまでは登って行って遥拝することができたわけです。

　また、拾遺六九話にはこんな話があります。早池峰山の麓の附馬牛村の人がアラミの国、江刺と胆沢《いさわ》地方を通ると、田の稲が赤く垂れていたので、種籾《たねもみ》にしようと持って帰って播くと青々と威勢よく稔り、今年はよい餅がつけると思ったそうです。するとアラミの国の人がやって来て、この家の主人は去年の秋、俺の田の糯稲《もちいね》の穂を盗んできて播いた、と言うのです。我々には区別できませんが、プロが見ればわかるのでしょう。さらに、秋の出穂を見て証拠をもって訴える、と言ったので、某は心痛めて早池峰山に祈るわけです。秋にアラミの国の人がやって来て一緒に出て見ると、昨日まで糯稲だったのに、出た穂をみると毛の長い粳稲《うるち》になっていたというのです。アラミの国の人は言いがかりをつけたことを詫《わ》びて、逃げるように帰ったそうです。それは早池峰山のご利益で、穂は粳稲だけれども、本当は糯稲の「生出糯《おいでもち》」という品種で、今も村にわずかに伝わっているといいます。村にそういう新しい品種の稲が来た起源を語る伝説になっているわけですが、種籾を盗んでくる話は稲作神話にはよく見られます。

最後は、「それからしてこの御山の女神は、盗みをした者でさへ加護なされるといって、信心をする者が愈々《いよいよ》多いのである」と結びます。これはもう気がつく方がいらっしゃると思いますけれども、こっそり種籾を盗んできた人を助けてやったのは、早池峰山の女神自身が姉の霊華をひそかに盗んだ者だったからです。しかも、盗みをした者でさえ助けてくれるというのは、そんな悪いことをしていない人は当然助けてくれる、という論理ですね。親鸞《しんらん》の「悪人正機説」ではありませんけれども、善人を救うのはもちろんのこと、悪人までも救ってくれる、それほどご利益のある神様だというのは、おそらく早池峰神社や妙泉寺《みょうせんじ》に関わる人たちが言い出したことでしょう。

そのようにして、遠野三山が人々の暮らしの中に息づいていたのです。そうした信仰心はだんだんと希薄になってきて、遠野の人々の中でもきわどいところに来ています。むしろ、先進地であった遠野は次々と情報を受け入れ、新しい遠野を創ってきたはずです。けれども、一方で遠野の人たちはそういう古いものをよく知っていて、大事にしてきたのです。今、その端境期かもしれませんし、あと五〇年したらもっと違う遠野になるでしょうが、そうした時代を迎えても、『遠野物語』を持っていることが支えになるはずです。

けれども、遠野の人たちの中にはなお入っていけないタブーがあります。例えば、佐々木喜善が暮らした山口の集落なんかには、やっぱり気軽に調査に入って行けない神聖な場所としてあります。しかし、もう研究しないと『遠野物語』の世界がわからなくなってきていて、そんなことは誰でも知っているという時代ではないことも確かです。『遠野物語』とどのように向き合うかということは、今もなお自明のことではありません。遠野の川にしても山にしても、そのようにしてある小盆地宇宙であり、その舞台の中で神仏や動物、人間たちの物語があるということになります。

七　『遠野物語』の誕生と二本立てのゼミナール

今回のゼミナールは、「『遠野物語』の誕生」をテーマにしました。私の一五年のうち、前半の八年は遠野の町にはほとんど出歩かず、ひたすら図書館と博物館に籠もって調べ物をしていました。このゼミナールの広告に写真を入れた『遠野物語』発刊に先立つ資料を分析していたのです。松本の池上隆祐《いけがみたかすけ》さんのご遺族から遠野へ寄贈された草稿本二冊、清書本一冊、初校の校正刷りが一冊、そして原稿用紙の裏に書かれた話や地図、そういったものを調べるために八年の歳月がかかったのです。

柳田という人は、ほとんど自分の原稿に執着しない人でした。原稿よりは活字になった雑誌や本のほうが重要で、初版よりも新しくできた改版のほうが今の自分を表わすと考えていたようです。原稿というのはその出発点であっても執着すべきものではなく、常に新しい段階を追究したのです。ですから、柳田の原稿の多くは、日本各地の民俗学者のもとなどに大切に残されています。ところが、執着して残した唯一の原稿が、この『遠野物語』資料だったと思います。普通ならばすぐに捨ててしまう校正まで残したのは、単なる記念という以上に、これが柳田にとって唯一の聞き書きであったことが深く関係するはずです。

『遠野物語』の序文は、「此話《この》はすべて遠野の人佐々木鏡石君より聞きたり」と始まります。「鏡石」というのは喜善のペンネームです。泉《いずみ》鏡《きよう》花《か》という作家にあこがれて「鏡」という字をつけて、「花」からへりくだって「石」を付けたのだろうと思います。この作品は、佐々木喜善という一人からすべて聞いた話だと言います。最後の獅《し》子《し》踊《おどり》の詞章（一一九話）は違うと思いますが、他は喜善一人から聞いたと考えられます。

さらに、「昨明治四十二年の二月頃より始めて夜分折々訪ね来り此話をせられしを筆記せしなり」とあります。しかし、実際には、彼らの日記や手帳を見ると、明治四一年一一月四日だったことが明らかです。佐々木喜善の日記には、「学校から帰つてゐると水野が来て、共柳田さんの処へ行つた。お化話をして帰って」とあって、彼の認識は「お化話」、つまり、怪談を語ったという程度でした。当時は怪談ブームで、喜善はその名手でした。水野もそうした認識で、喜善の話を聞いていました。

ところが、柳田国男の手帳を見ると、「水野《みずの》葉舟《えふしう》、佐々木喜善二人来て話、佐々木は岩手県遠野の人、その山ざとはよほど趣味ある所なり。其《その》話をそのままかきとめて「遠野物語」をつくる」とあります。初めて会ったその日に「遠野物語」を作っているわけです。私は、作られた「遠野物語」とは筆で書かれた草稿本の一冊目であろうと考えています。聞き書きのノートとか原稿ではなく、「つくる」ですから作品化したものだったはずです。つまり、「お化話」を語ったと認識している佐々木喜善と、それを「遠野物語」に作った柳田国男の間には、大きなずれがあるのです。

水野の書いたものを見ると、佐々木喜善は怪談として遠野の話ばかりでなく、東京の話もたくさん語っています。しかし、柳田は「怪談」という枠組みではなく、都会の話を切り捨てて、「遠野物語」に限定していきます。そうした選別はやがて民俗学につながっていくのだろうと思います。『遠野物語』には確かに「怪談」と呼べる側面もありますが、柳田国男は民俗学にこれを採用することはありませんでした。私自身は、『遠野物語』を「怪談」として読むこと以上に、「怪談」としなかった思考のほうがずっと気になります。

そして、「鏡石君は話上手には非《あら》ざれども誠実なる人なり。自分も亦《また》一字一句をも加減せず感じたるまゝを書きたり」といいます。柳田が嘘をついていることは触れましたが（笑い）、佐々木喜善が誠実な話し手であるだけでなく、「自分も亦」として自身を誠実な書き手と規定します。この規定は、序文の最後で、『遠野物語』を「目前の出来事」「現在の事実」と性格づけたことと見事に対応しています。この序文は単なる説明ではなく、計算し尽くされたもので、そこに柳田の強烈な意志を見ることができます。

むしろ、誤算があったとすれば、「思ふに遠野郷には此類の物語猶《なほ》数百件あるならん」といい、「国内の山村にして遠野より更に物深き所には又無数の山神山人の伝説あるべし」といった推定でしょう。これは山の問題ですが、柳田は山奥に行けば行くほどより古い歴史が残っていて、「山神山人の伝説」は「無数」にあると考えていたのです。しかし、実際にそうではありませんでした。柳田は南方熊楠《みなかたくまぐす》との山人論争に敗北したように語られますが、根源的な問題はむしろこうした想定にあったはずです。

柳田は喜善から話を聞き終わって、明治四二年の八月、遠野にやってきます。高善《たかぜん》旅館の主人に馬を借りて郊外を巡り、早稲《わせ》が熟し、晩稲《おくて》がまだ花盛りだが、附馬牛に入っていくと青いと、稲を観察しています。柳田は遠野にやってきたけれども、『遠野物語』にあるような不可思議な精神世界へ入ってゆくことはありませんでした。唯一彼が人と接しているのは、天神の山、菅原神社の祭りです。それでも、旅人である柳田は菅原神社の祭りの中に入っていけないことをよく認識していました。

序文に示されたように、柳田は喜善から話を聞いて、その後で遠野へ来て、『遠野物語』を作るわけです。けれども、遠野へ来て『遠野物語』を書いた痕跡はないと思っています。遠野へ草稿本を持ってきていれば、当然書かれていい内容が書かれていないことから、そう断言していいと思っています。むしろ、冷淡だと言ってもいいくらいで、唯一遠野で求めたとしか考えられないのは獅子踊の詞章（一一九話）で、これは古文書を写し取っています。

つまり、『遠野物語』というのは遠野で書かれたものではなく、東京の柳田国男の邸で書かれたものだということです。遠野は旅してきただけですが、話の聞き書きと旅の経験が合流して、『遠野物語』ができあがったことは間違いありません。これはとても重要なことです。この東京会場で『遠野物語』の誕生を議論して、夏には遠野会場で菅原神社の祭りを訪ねるという二本立てにしたのは、『遠野物語』の本質に由来することになります。

『遠野物語』が東京で聞き書きされたというのは、民俗学が現地調査を尊重したことからすれば、かなり異例です。しかも、喜善は柳田より一〇歳ほど年下で、民俗学が古老を重視したのとは違います。『遠野物語』は調査のマニュアルさえない時代の模索から生まれたのです。民俗学は「採集手帖」に代表されるマニュアルを作ることで、誰でも参加できる学問にしましたが、『遠野物語』はそれ以前の実験でした。民俗学から一旦切断することで、『遠野物語』は遥かによく見えるようになるはずです。

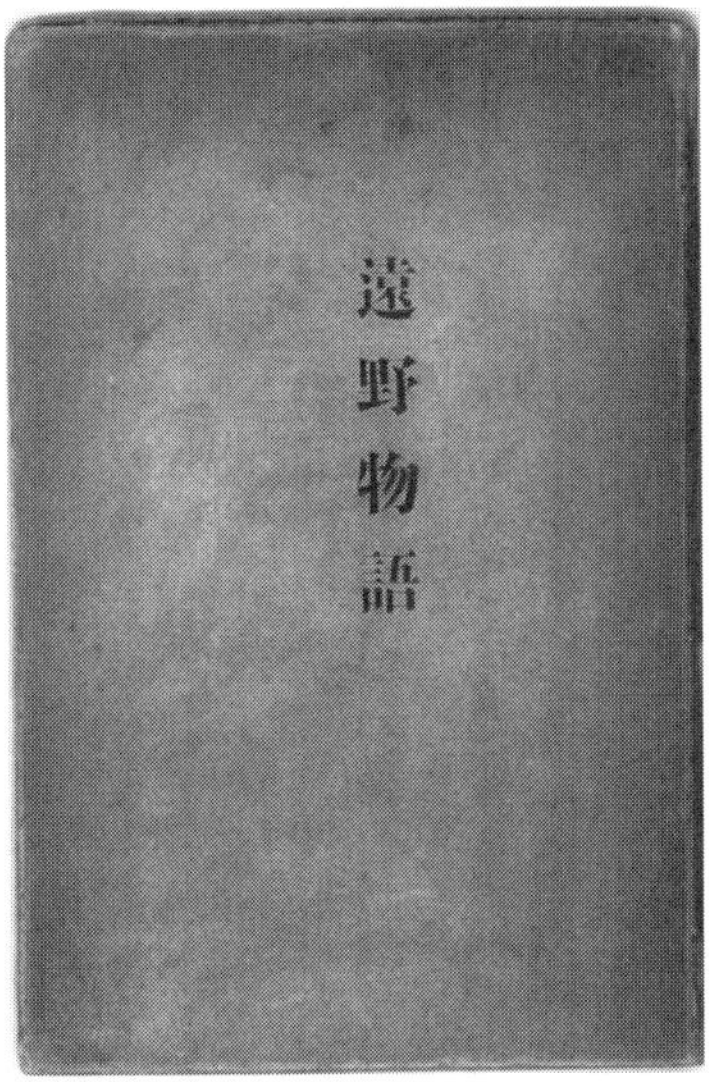
柳田国男『遠野物語』(明治43年)

例えば、井上ひさしさんは、『遠野物語』をパロディーにして、『新釈遠野物語』を書きました。その批判精神は別に論じるべき重大な問題ですが、その際に、『遠野物語』に「収

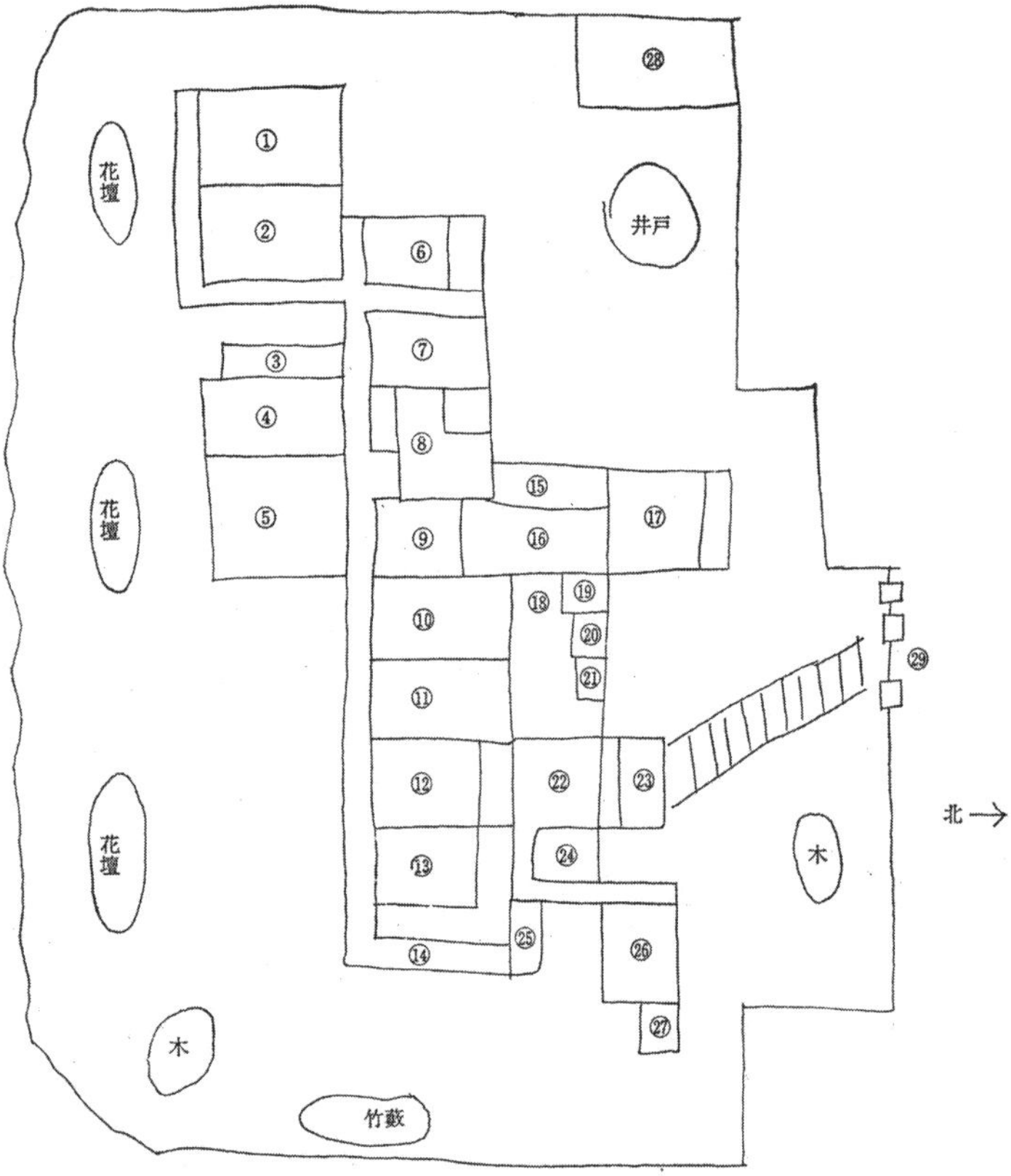

明治30年から昭和2年まで住んだ柳田家の旧宅
(東京市牛込区市ヶ谷加賀町2丁目16番地)**の見取図**(柳田為正氏の記憶によるスケッチ)

〈番号は部屋の主あるいは用途を示す〉

①父(柳田国男)の寝所　②母(孝)の寝所および子供部屋　③厠　④祖父母隠居部屋　⑤奥の間　⑥物置き部屋(母用)　⑦髪結部屋(母用)　⑧湯殿　⑨納戸(祖母用)　⑩神棚の部屋　⑪姉たちの寝所　⑫次の間　⑬客座敷　⑭廊下　⑮勝手　⑯板の間　⑰女部屋　⑱——　⑲内玄関　⑳電話　㉑長火鉢　㉒玄関の間　㉓大玄関　㉔4帖半　㉕厠　㉖北の部屋(父の仕事場)　㉗父の書斎　㉘材木小屋　㉙門

後藤総一郎監修『柳田国男伝』(昭和63年)

奪」という感じを抱いたと語ったそうです。実は、東京会場の開催に当たって強い反対があったのは、ここに一つの理由があるように感じています。ただし、すでに見てきたように、『遠野物語』はたぶんこうしたかたちでしか生まれなかったし、東京の問題を抜きにして、遠野に閉ざしても意味がないと思うのです。むしろ、井上さんの言葉に耳を傾けるならば、遠野人によって、『新・遠野物語』が書かれるべきでしょう。しかし、そうした動きはまったくありません。

八　『遠野物語』資料に残された事実の位相

こうした議論は始まったばかりですが、『遠野物語』の誕生を考える折角の機会ですから、ちょっと細かいお話しになりますけれども、柳田国男が残した『遠野物語』資料の内実に入ってみましょう。これまでも短くて便利なので、何度か取り上げたことのある草稿本の五話を引いてみます。後からの書き入れと思われる箇所は〔　〕に入れました。

> 五、遠野郷より海岸の田の浜、吉利吉里などへ越ゆるには昔より〔笛吹峠〕といふがありて路もいと近きを近年之を過ぐる者山中にて必ず山女に逢ふより誰も皆恐しがりて次第に往来も稀になりしかば終に別路を〔境《サカエ》
> 〔(馬次場、和山)〕

木峠《ゲ》」に開きて今は此方をのみ越ゆといへり此方は　里
以上の迂回なり

平成九年（一九九七）『柳田国男全集』（筑摩書房）の第一回配本で、この草稿本を原稿に起こすことが私の仕事でした。その時、これを素直に読もうとすると、どうも変なんですね。何が変かと言うと、写真やコピーで見ればすぐわかりますが、「笛吹峠」の「峠」と次の「と」が近すぎるんです。しかも「笛吹峠」という字がとても堅い印象を与えます。その時、これは後から書き入れたからではないか、と気がついたのです。

また、従来は行間にある「(馬次場、和山)」だけが後からの書き入れと考えられていました。私も最初はそう思っていましたが、そうした観点で見ると、どうも違うのではないかと思いはじめたのです。そうではなく、「境《サカエ》木峠《ゲ》」を書き入れたら余白が足りなくて、「(馬次場、和山)」が右下に流れたのだろうと推定したのです。「境《サカエ》木峠《ゲ》（馬次場、和山）」までが一筆ということになります。

つまり、柳田国男は空白を残しておいて、こうした地名を後から書き入れたのではないかと考えたのです。そのように見ると、草稿本の不自然さはほぼ解消できると思いました。筑摩書房の編集者に説明したら、それは先生の思い込みにすぎない、私見を全集に持ち込まれては困る、と怒られました。でも、よく見てくださいと言って、二〇分くらいしたら編集者から電話があって、たぶん先生の言うとおりだろう、と認めてくれました。全集はこの仮説に従って翻字してあります。

そうした立場に立つと、実に貴重なのが「此方は　里以上の迂回なり」です。ここには確かに一字分の空白があります。喜善に聞きそこねたか、喜善が答えそこねたかして、空白のまま残ったわけです。確かに空白があったことは、これでわかるのです。しかも、こうした空白が作れるということは、この草稿本が喜善からの直接に聞き書きしたものではなく、それを書き直したものであることもはっきりします。

この箇所は清書本で「二」という数字が入っています。地図を眺めてみればわかるのですが（14頁参照）、笛吹峠は六角牛山の少し北で、境木峠はさらに北です。駄賃附《だちんづけ》などで海岸へ越えるときには笛吹峠が便利なのですが、山中で山女に出会うので、みんな怖がって八キロメートル遠回りしても境木峠を越えるようになったというのです。この数字は、山女が山中の恐怖だったことを示すデータになるわけです。具体的な地名を持つことによって、この話は「目前の出来事」「現在の事実」になったのです。

笛吹峠がいかに怖い場所かということでは、別に、昔、継子《ままこ》の少年を馬放しにやって、四方から火をつけて焼き殺し、継子が好きな笛を吹きながら死んだ場所だ、という話もあります（拾遺二話）。これは、「笛吹」という地名の由来譚になっています。この峠は話の集積する場所だったはずですが、この話に比べれば、山女の出現は「近年」の出来事であり、昔の話ではないリアリティーがあったのです。

このようにして見てゆくと、草稿本の初めには、地名や数字ばかりでなく、人名や方角を後から書き入れたのではないかと思われる箇所がたくさん出てきます。柳田の手帳を見ると、一一月一三日に、「竹島町に佐々木繁をとひて遠野物語に書入をなす」とあります。初めて会ってから九日後のことです。この「書入」の実態は、空白がわかったときにすっきり解けました。おそらく柳田は草稿本を持っていって、佐々木喜善に聞きながら「書入」をしたのでしょう。地名や人名といった固有名詞が入ることによって、その事件は独特のリアリティーを帯びていたはずです。柳田が序文に言う「目前の出来事」「現在の事実」は、こうして実現されたのです。

実は、清書本と比べてみると、五話にはもう一つ重大な書き入れがあることがわかります。草稿本には「必ず山女に逢ふより」とありますが、清書本では「必ず山男山女に出逢ふより」となっています。「山女」だけではなく、「山男」が付け加わっているのです。清書の段階で喜善に聞きただしたことは考えにくいとすれば、「山男」は柳田が付け加えたことになります。柳田の中で「山男」のイメージが勝手にどんどん増幅されていくのです。

これは初版本だけ見ていてはわからないことです。柳田の山人論を考えるときに、実は『遠野物語』に出てくる「山男」は、柳田によって増幅されていることに注意する必要があります。「題目」で「山男」に分類していても、実際の話には「山男」という言葉がない場合は少なくありません。序文では「山神山人の伝説」と言いながら、実際には大いに疑問があるということです。遠野そのものの伝承と言うより、柳田が増幅させた言葉が『遠野物語』の叙述の中にさまざまに入り込んでいると見たほうがいいように思うからです。

九　負の遺産を含む『遠野物語』の普遍的価値

最後にまとめに入りたいと思いますけれども、佐々木喜善は『遠野物語』ができたとき、これで遠野が有名になると喜んだ書簡を柳田に出しています。確かにそのようになりましたが、二一世紀に『遠野物語』はどんな意義を持つのでしょうか。やがて一〇〇年が経とうしている今、改めて考えてみたいことは、『遠野物語』の持つ普遍性です。『遠野物語』は遠野のお宝であるだけでなく、日本人はもとより、人間の本質を考えるための普遍性を持つのではないか、と考えられます。今年、遠野会場の記念講演を中沢新一さんにお願いしたのは、人類史の中で『遠野物語』の意義を考えてゆきたいからに他なりません。

『遠野物語』が柳田国男の叙述によって固有の世界を作り得たことはすでに見ましたが、実は日本の村々にも似たような事件があったにちがいありません。そして、現代社会にもそういうものがあるのではないかと思います。早くそうした指摘をしたのは泉鏡花ですが、今日、記念講演をしてくださる松谷《まつたに》みよ子《こ》さんは、『遠野物語』の普遍性を「現代民話」という視点から発見していきます。「私の遠野物語」という副題を持つ『あの世からのことづて』は、昭和五九年（一九八四）、その実践としてまとめられています。

『遠野物語』には河童《かっぱ》の子供を殺したという話が出てきます。河童の子供を切り刻んで樽《たる》に入れて土中に埋めたり（五五話）、河童らしい子供が生まれたので、道ちがえに捨てに行ったり（五六話）しています。語り部が語るのは、河童が馬に引きずられて馬屋に来て捕まってしまう、いわゆる「河童駒引《かっぱこまびき》」

の話で、こうした話を語ることはありません。遠野の方々はあまり触れたくない話の一つでしょう。

五六話が興味深いのは、子供を置いた後、「惜しきものなり、売りて見せ物にせば金になるべきに」と思い直して戻ると、もう取り隠されていた、ということです。そういう子供は村の境界に捨てに行くのが習俗だったので、一旦はそれに従うのですが、一方で都市的な見世物や貨幣経済が浸透していて、その間で揺らいでいることがわかります。この話は、古さと新しさが出会う『遠野物語』の位相をよく示しています。

こういう話に対して、飢饉が背景にあるんだという見方がありますが、私はそうは思いません。確かに、東北が飢饉に襲われてきて、遠野でも多くの餓死者が出ました。しかし、『遠野物語』を読んでも、飢饉の話はありません。喜善から聞こうと思えば聞けたはずですけれども、聞く柳田に関心がなかったのでしょう。後に農村経済学者の森嘉兵衛《もりかへい》が追究した一揆の問題もありません。『遠野物語』は、そうした飢饉や一揆に対しては冷淡と言えるかもしれません。

話を戻しますと、先の二話は子殺しの話ですね。今だったらニュースになる事件で、裁判になりますけれども、かつての日本では間引きも一つの習俗だったのです。柳田国男は兵庫県で生まれた五人兄弟でしたが、茨城県の布川《ふかわ》へやって来て、男の子・女の子一人ずつしかいないことにびっくりします。そして、間引きの絵馬を見て、その理由を推察したようです。間引きは近代に入っても行われていたのです。先の二話も近代化の狭間に残った話だったと言っていいでしょう。

一方、『遠野物語』は親殺しの話も出てきます（一一話）。母一人、息子一人の家に嫁が来たが、嫁と姑は仲が悪かったのです。いたたまれなくなった息子は母を殺そうと、草苅鎌《くさかりがま》を研ぎはじめるので、母はさまざまに詫びたが、許してくれません。彼が切りつけようとすると、鎌は囲炉裏の上にある火棚にかかり、次には母の肩口を切りつけます。警察官が来ると、母は息子を許してくれと頼んだそうです。こういう話は、遠野の人たちの中ではどこの家のことか特定できてしまうはずです。私が読んでも、ある家の話としかわかりませんけれども、遠野では大変なリアリティーを持っているのです。

柳田国男は『遠野物語』ができる直前の再校で、五五話にあった固有名詞を伏せ字にしています。できあがったときに、喜善にあてた葉書でも、たかだか三〇〇部しか印刷していないので、遠野の人が見る心配はない、と書いています。柳田は、地名や人名を克明に書いたことから、遠野人が読めばすぐにも特定できてしまうことを恐れたのです。しかし、ここに『遠野物語』の本質があることは確かでしょう。

『遠野物語』にこうした子殺しや親殺しの話があっても、観光の場には出てきません。けれども、私は『遠野物語』が残した大切な「負の遺産」だと思っています。これは人間の持つ普遍性の問題だからです。新聞を見れば、子殺しや親殺しの話は毎日のように見つかります。とても難しい課題ですが、こういう「負の遺産」までもひっくるめて遠野が次の時代の活力にできるかどうかが問われる、と考えています。

また、遠野の人たちにとって『遠野物語』は、遠野の貧しさを示す話で、決して自慢できる話ではなかったと聞いています。そう思っている方は、今もたくさんいると思います。食べ物で言えば、雑穀は貧しい食事で、そういうものを食べているのは恥ずかしいことだったと言います。しかし、今は米よりも雑穀のほうが高い値段です。飽食の時代にあって、雑穀はむしろ健康食だからです。『遠野物語』についても、同じような価値転換を図る必要があります。

一方、遠野は、『遠野物語』による町づくりを重ねてきました。昭和四五年（一九七〇）の岩手国体の頃から観光化を意識しはじめ、四六年（一九七一）には駅前に遠野物語碑が建ち、五七年（一九八二）には佐々木喜善と伊能嘉矩《いのうかのり》の顕彰碑が建ちます。五五年（一九八〇）に図書館・博物館、五九年に伝承園、六一年（一九八六）にとおの昔話村、そして平成八年（一九九六）には曲り家を移築したふるさと村ができました。そういうふうにして施設を次々と整備してきたのです。

今ならば、例えば、遠野を世界遺産にしようと考えるなら、そのまま凍結してしまえばいいのかもしれません。砂子沢《いさござわ》の曲り家集落がそのままであれば、曲り家集落として世界遺産の登録が申請できたかもしれません。けれども、遠野は新しいものをどんどん入れてきた場所ですから、豊かで住みやすい暮らしに変えてきたのであって、それは当然のことでした。そこで、解体した曲り家をふるさと村に移築して、体験型観光施設として保存していく選択を取ったわけです。

しかしながら、遠野盆地にある数多くの「遠野物語遺産」をどうするのかというのは、今、直面している大きな課題だと思います。その中には個人の資産も多くあります。そういったものまで含めて、今あるものをどうやって次の時代に受け継いでゆくのかという議論がなされねばなりません。そのときに、

砂子沢曲り家集落（『遠野の曲り家』昭和52年）

住みやすい遠野と訪れたい遠野の間で、摩擦が生じるかもしれません。新しい施設を作るよりは、既存の財産をどう生かすのかという議論はまだ始まったばかりです。

一方、遠野が施設整備と並行してやってきたことに、語り部の活動があります。遠野の大きな魅力は、そこに人がいることに尽きます。遠野で初めて語り部を始めた鈴木サツさんは父に昔話を聞いて一五〇話も二〇〇話も知っていた人ですが、求められた話は父に聞いた話ではなく、「オシラサマ」「ザシキワラシ」「河童淵」でした。それらはみな『遠野物語』にある話で、郷土資料に関心の深かった福田八郎という先生から聞いて覚えます。つまり「創られた昔話」なのですが、それは遠野人のアイデンティティーの形成に深く関わり、観光客の心の癒しにもなってきました。たとえ創られた伝統であっても、一〇〇年経てば文化財になると思います。

今、放送中のＮＨＫの朝の連続テレビ小説「どんど晴れ」でも、基層のイメージを創っているのは遠野の語りの世界です。大女将《おおおかみ》が旅館の蔵にいる主人公をザシキワラシと見間違えるのですが、あのザシキワラシは福の神です。彼女を手放したら旅館が潰れてしまうことは、『遠野物語』を読めばよくわかることですから（笑い）、今は困難な状況にありますけれども、主人公は女将修行を止めるわけにはいかないのです。

なお、遠野では観光が先行しましたけれども、今年から小学校へ語り部たちが行って語りを始めています。これまでも遠野小学校の演劇や土淵小学校の語りがありましたが、語りを聞いた子供は精神的に豊かに育つのではないかと感じております。学力のことを議論するなら、そうした「聞く力」や「語る力」こそが土台になるはずです。郷土芸能と並んで、『遠野物語』や昔話が子供たちの成長に役立つような仕組みを考えたいと思います。午後、遠野ふるさと村で語りをしている新田《にった》スミさんの昔話がありますので、そうした観点からも堪能していただければと思います。

今回の東京開催は、遠野からの初めての試みになります。郷土芸能ならばともかく、こうした学術的な講演会がどのように成り立つのかということは、まだ誰も行ったことのない実験でした。批判もありますが、江戸時代には、仏像を江戸の寺院に持ってきて公開する「出開帳《でがいちょう》」というものがありましたし、勇気と自信を持って出向いて、大いに発信していいのではないかと思います。これからさまざまなかたちで『遠野物語』を開いてゆきたいと思いますが、そのためにはさらに自由な議論が必要です。お約束の時間を四秒過ぎましたので（笑い）、私の基調講演はこれで終わりにいたします（拍手）。

『遠野物語』と宮沢賢治

二〇〇八年六月一四日、遠野物語ゼミナール東京会場・基調講演

一　遠野物語ゼミナール東京開催の意義

今日は「『遠野物語』と宮沢賢治」というテーマでお話し申し上げます。昭和一〇年（一九三五）の『遠野物語　増補版』には地図がございます（14頁参照）。中心に遠野の町があり、上閉伊《かみへい》郡全体が入っていますが、地図から外れた左側に稗貫《ひえぬき》郡がありますので、佐々木喜善の生まれた上閉伊郡と宮沢賢治の生まれた稗貫郡は隣同士になります。そこで、『遠野物語』の世界と宮沢賢治の世界とを相互交流させて、学問としてばかりでなく、生きる上でどんな知恵を学べるのかというご提案をしてみたいと考えています。

『遠野物語』は明治四三年（一九一〇）に発刊されました。今年（二〇〇八）で九八年、あと二年で一世紀ということです。実は、奥付を見ますと、今日、六月一四日が『遠野物語』の発行日になっています。六月九日の柳田の日記に、「遠野物語出来たり、よきかんじなり」とあるそうですから、実際には五

日ほど早くできていたことがわかっています。

今年は『源氏物語』が流布して一〇〇〇年で、再来年は平城京遷都一三〇〇年です。そういう悠久の時間から比べれば、たかだか一〇〇年ですけれども、私どもはその時間をどのように受け止めたらいいのかという課題を背負っているわけです。この一〇〇年は、急速な近代化が進んだ結果、村落共同体が急速に解体したと言えましょう。そうした変貌はすでに初版にも見られ、増補版でさらに顕著になりますが、その延長に現在があるのだと思われます。

『遠野物語』は、柳田国男が遠野の人佐々木喜善から聞いた話を書いたものです。かつては、柳田が遠野に行って投宿した高善《たかぜん》旅館で『遠野物語』を書いたというような解説がありましたが、遠野で書かれた形跡はありません。あくまで東京の柳田の家を佐々木が訪ねて、そこで書かれたものです。その後、柳田は遠野へ行き、馬に乗って郊外の村々を回りました。聞き書きと旅の両方を合わせて、『遠野物語』ができたのです。

『遠野物語』には、実に不思議な話がたくさんあります。里の神、家の神、山の神といった神々はもちろん、そして神女、天狗、山男、山女、雪女、河童《かっぱ》といった妖怪たち、あるいは猿、狼《おいぬ》、熊、狐といった動物たちです。神と妖怪、動物と言っても未分化で混沌としています。そういったモノたちが人間といかに関わってきたかを書いています。柳田はそうした話を、序文で「目前の出来事」「現在の事実」と厳しく規定しました。

やがて、昭和一〇年になって、日本民俗学が理論的にも組織的にも確立されますと、その誕生を告げた記念碑的な一冊だと評価されるようになります。それと同時に、「遠野は民俗学の高天原《たかまがはら》である」と言われるようになり、民俗学の聖地と見なされます。しかし、それは民俗学を賞揚し、柳田を仰ぐために創られた神話にすぎません。おそらく折口《おりくち》信夫《しのぶ》が言いはじめたことではないかと思われます。

しかし、『遠野物語』は民俗学の聖典とするよりも、民俗学が始まる以前の書物として見たほうがいいでしょう。そのように見ることによって、民俗学では見えなくなった豊かな世界が『遠野物語』から立ち上がってくるように思います。柳田は農耕を営んだ常民を民俗学の中心に据えますけれども、『遠野物語』という世界は常民だけでは説明できない世界を抱え込んでおります。それは現在生きる我々にとって大きな意味を持つもので、日本がこの一〇〇年間に失ってしまった歴史でもあるでしょう。

こうして東京で開催するのは、人集めだけではなくて（笑い）、『遠野物語』の中に必然性があると感じています。一話には、「此《コノ》地へ行くには花巻の停車場に汽車を下り、北上川を渡り、其《ソノ》川の支流猿ケ石《サルガイシ》川《ガハ》の渓《タニ》を伝ひて、東の方へ入《イ》ること十三里、遠野の町に至る」とあります。「此地へ行くには」以下は、遠野へ行くための交通手段です。つまり、東北本線が開通していなければ、『遠野物語』の世界へ入っていけなかったわけです。江戸時代には、決して『遠野物語』は成立しなかったと言っていいでしょう。明治二四年（一八九一）に上野・青森間が全通します。鉄道という近代文明に乗って、柳田と佐々木の交流が始まっただけでなく、こうして読者は『遠野物語』の中へ誘われてゆくのです。

花巻の停車場で汽車を下りて遠野へ入っていく人たちは、人力車や馬車で入ったり、徒歩で入ったりしましたけれども、遠野へ誘った人たちは序文で「平地人を戦慄《せんりつ》せしめよ」と言った「平地人」であり、つきつめて言えば「都会人」、「東京人」であったはずです。つまり『遠野物語』の世界へ誘おうとしたのは、他ならぬこの東京に住む人たちだったということです。ですから、東京で『遠野物語』を考えるということは、大きな意義があると思うのです。

そして逆に言えば、遠野の人たちは『遠野物語』の第一読者からは排除されているという関係が浮かび上がってきます。遠野の人たちには読まれたくない本だったのです。柳田は『遠野物語』ができたとき、佐々木に出した葉書で、たかだか三〇〇部しか作っていないから、遠野の人が読む心配はないと書いています。

遠野の人に読まれたくなかった理由は、おそらく『遠野物語』の中に克明に地名や人名を書いてしまったことにあると思われます。私たち東京人が読んでもAさんのようにしか読めませんが、遠野の人たちが読めばあそこの家とわかるのです。人口三万人の遠野は誰もが顔見知りのような社会を維持していますから、今でも、この話はあそこの家の話だとわかるはずです。そうした意味で、『遠野物語』は今も生きています。

遠野の人たちが『遠野物語』を読むというのはとても危険な行為だと思います。そのためでしょうか、『遠野物語』を賞揚しながら、あまり『遠野物語』を読もうとはしません（笑い）。例えば、河童の子を斬り刻んで一升樽《いっしょうだる》に入れて土中に埋めてしまったという話（五五話）は、初校まで固有名詞が入っていましたが、初版では「〇〇〇〇」と伏せ字になっています。最後の再校で実名を伏せたのは、隠しておかなければまずいと感じたことをよく示します。

そうしてできあがった『遠野物語』を、今、遠野の人たちがどう読むのか。一〇〇年目に考えなければならない問題の一つは、そこにあると言ってもいいでしょう。一方では、遠野でも過疎化が進むだけでなく、地縁・血縁の緊張感がゆるみつつあります。例えば、葬儀を見るだけでも、その変容が進んでいることがわかります。遠野も着実に都会化しつつあるのです。皮肉なことですが、遠野の人たちが近代化すればするほど、『遠野物語』の読者にふさわしくなるということになります。

そして、私ども柳田に呼びかけられた「平地人」は、『遠野物語』とどのように向き合えばいいのでしょうか。下町はともかく、都会には地縁・血縁は希薄です。隣に住む人が誰であるかさえ知らない匿《とく》名性《めいせい》の中に生きています。『遠野物語』を読むというのは、単なる懐古趣味に耽《ふけ》ることではなく、近代化が失ってしまったものを考えるのでなければ、まったく意味はないでしょう。このゼミナールでは、閉塞する現代を見直すための議論を真面目にしたいと考えているのです。

二　仲介者水野葉舟の宮沢賢治観

内陸と海岸との交通で栄えた遠野は、花巻・遠野間、遠野・釜石《かまいし》間がそれぞれ五〇キロほどで、遠野は花巻や釜石と強い結びつきがありました。遠野では平成一八年（二〇〇六）の春、県立花巻農学校の教え子であった沢里武治《さわさとたけじ》の遺族から、宮沢賢治関連資料二五点の寄贈がありました。書簡が一七点、バイオリン・ケースが一点、肖像写真一枚、レコード六点で、宮守《みやもり》ホールの開館にあたって、これらを展示したわけです。

沢里にあてた賢治の書簡を読みますと、昭和六年（一九三一）の八月、沢里が勤めている上郷小学校へ行きたいと書いています。「風野又三郎」の初期形がこの取材を経て、子供たちの小学校生活を踏まえた話に変容してゆくことが確認できます。「風の又三郎」の最終形は上郷小学校がモデルになったと考えてよいように思います。

そうした機会を通して、それまであまり考えたことのなかった『遠野物語』と賢治とについて考えはじめました。私自身、そろそろ遠野から釜石線に乗って花巻に出て、世間を見てみたいと考えるようになりました。この東京開催もそうした発想の延長にあるもので、花巻はその中間地点にあたる場所と言えましょう。遠野から『遠野物語』を開いてゆく作業は、二一世紀の可能性を開くことに他なりません。今日は、昨年に続いて二歩目の歩みになるでしょう。

簡単に言いますと、宮沢賢治は『遠野物語』を読んでいたのかという疑問があります。賢治の生まれは明治二九年（一八九六）ですので、『遠野物語』が出たときには、数え一五歳ですから、購入した可能性はないと思います。三五〇部しか発行されず、販売した分も半年間で売り切れたそうですから、後に図書館で読むなり、古書を購入するなりしなければ読めなかったはずです。

そのため、賢治は『遠野物語』の噂は聞いていても、実際に読む機会はなかっただろうと考えていました。しかし、今日は、東京の上野の図書館あたりで、賢治は『遠野物語』に接していたのではないかと考えてみようと思うのです。そう考えないと、これから述べるような、『注文の多い料理店』と『遠野物語』の密接な関係は説明できないのではないかと考えはじめています。

「【珍らしい写真】水野葉舟氏が明治四十二年三月佐々木喜善氏を遠野町に訪れた記念写真、前列左端佐々木氏、中列中央水野氏」（掲載新聞不明、武藤輝亮蔵）

実は、宮沢賢治と『遠野物語』を結びつけて考えた一人の人物がいます。それは柳田と佐々木を結びつけた水野葉舟という人です。この人は歌人・詩人・小説家であり、「小品」と呼ばれる都会的な短編小説を書いて流行作家になりますが、晩年は印旛沼《いんばぬま》のほとりに隠棲して、国語教育に携わったりしています。動きの大きい人生を送った人ですが、途中童話にも手を染めていて、賢治と接点が生まれるのです。宮沢賢治と『遠野物語』の両方が見えていた唯一の人と言っていいでしょう。

水野は柳田と佐々木を引き合わせただけではなくて、いち早く「怪談会」などと題して佐々木の話を雑誌に載せ、明治四二年（一九〇九）の春には、柳田より早く遠野を訪ねています。一カ月近くいましたが、大変ストレスが大きかったようです。言葉が通じなかったために、部屋に引きこもっていたらしく、佐々木が町の若者たちとの交流の機会を作って、一緒に撮った写真があります。怪談を集めようとしたようですけれども、うまくいかなかったようです。

賢治が亡くなって六年目の昭和一四年（一九三九）、

詩人の草野心平《くさのしんぺい》が『宮沢賢治研究』を出します。草野は賢治を掘り起こした大事な人ですけれども、その中で水野は「宮沢賢治氏の童話について」という文章を書いています。

宮沢賢治の童話の基礎になっているものの一つは、民話の伝承が豊富に保存されている岩手の風土ではないかと言います。童話作家の巌谷小波《いわやさざなみ》が紹介したヨーロッパの本があるけれども、ああいったものではなくて、民俗に根ざしながら賢治が童話を書いていると指摘するのです。弟の清六さんの証言によりますと、賢治は巌谷小波のお伽噺も熱心に読んでいて、小波の影響を受けていることも確かです。けれども、賢治は翻訳や翻案に走るのではなくて、地元岩手の風土や民話と対話を始めたのです。

水野は、一方で佐々木や柳田といった人の仕事を見ていました。そこには民俗の持ち伝えてきた話によって、民俗の語り部が伝えた血の伝統があることを教えられたと言います。そういう中で、大正一三年（一九二四）刊行の『注文の多い料理店』を読んで驚嘆し、こんなことを書いています。

「狼森《オイノもり》と笊森《ざるもり》、盗森《ぬすともり》」や、「かしはばやしの夜」や「鹿踊《ししをどり》のはじまり」を読んだあとで、私は柳田国男氏の「遠野物語」――これは私と全く因縁の深い本である――や、佐々木喜善君がその半生を打ちこんで採集した岩手の各郡の昔噺《むかしばなし》と、いかにもぴつたり同じ地色のものを感じて、私は深く考へ入つたのであつた。若い時に偶然友人になつた佐々木君からまづ、その記憶してゐる話の一群を聞いて以来――この一群が後に「遠野物語」の母体となつたのである――そしてこの遠野物語が因縁をなして、佐々木君にその生涯の大きな蒐集《しうしふ》を為し遂げさせたそのおかげで、私は東北の方言に通じたのとよく似た了解を、その伝承に対して持つ事が出来た。この点から、宮沢氏の第一集に対して、その中に漂つてゐる「方言」とよく似た東北の「心持の色あひ」を、親しく感じる事が出来たのである。同時に、そこの一角から宮沢氏の作品を、はつきりと日本から生れた見事な童話といふ喜びを抱いた。

柳田の『遠野物語』が「私と全く因縁の深い本である」という理由は、佐々木と柳田の二人を引き合わせたことを指します。「佐々木喜善君がその半生を打ちこんで採集した岩手の各郡の昔噺」とは、大正一一年（一九二二）、江刺《えさし》から遠野へ炭焼きにやってきた浅倉利蔵《あさくらりぞう》の話をまとめた『江刺郡昔話』、大正一五年（一九二六）、紫波《しわ》に住む小笠原謙吉《おがさわらけんきち》が送ってくれた話を書き直した『紫波郡昔話』です。彼は『注文の多い料理店』を、『遠野物語』や『江刺郡昔話』『紫波郡昔話』と対比して、「ぴったり同じ地色のもの」と指摘しているのです。

水野は佐々木の資料を読んで、「東北の方言」によく慣れていたので、『注文の多い料理店』を読んで、「その中に漂つてゐる「方言」とよく似た東北の「心持の色あひ」を、親しく感じる事が出来た」と述べています。賢治の童話は「伝承のはなしを素地にして生れた」という指摘は、確かに当たっていると思います。水野は、民俗と童話の両方を見ることができた人だったのです。しかし、民俗学と児童文学はそれぞれ独立していて、民俗学者は民俗だけ、児童文学者は賢治だけになってしまいます。その後、両方の視点を持つことができたのは、松谷《まったに》みよ子《こ》さんだけでしょう。

佐々木が『江刺郡昔話』や『紫波郡昔話』を集めていた時期に、賢治はひたすら童話を書き続けていました。じつは、佐々木は、東京に出てきて柳田と会った頃、短歌や詩、小説を書いていて、作家になりたかったのです。泉鏡花《いずみきょうか》もそうですけれども、彼が目指したのは民俗を基盤にしながら創作することだったと思います。そうした点からすれば、佐々木が実現できなかったことを、賢治が実現したと言ってもいいのです。

三　ザシキワラシをめぐる二人の交流

例えば、大正一五年の『月曜』第一巻第二号に、「ざしき童子《ぼっこ》のはなし」を発表しています。「ぼくらの方の、ざしき童子のはなしです」という一文から始まります。「ぼくらの方の」というのは花巻付近を指すのですけれども、これは遠野を意識した言い方です。大正九年（一九二〇）、佐々木が発表した『奥州のザシキワラシの話』を意識していたことがわかります。確かに、その後に書かれた四話はそれまでには見られないような話です。賢治は佐々木の資料と対話をしながら作品を生み出してゆくのです。賢治の文章はうまいですね。第四話は、こんな話です。

また、北上川の朗明寺の淵の渡し守が、ある日わたしに云ひました。
「旧暦八月十七日の晩に、おらは酒のんで早く寝た。おおい、おおいと向ふで呼んだ。起きて小屋から出てみたら、お月さまはちやうどおそらのてつぺんだ。おらは急いで舟だして、向ふの岸に行つてみたらば、紋付を着て刀をさし、袴をはいたきれいな子供だ。たつた一人で、白緒のざうりもはいてゐた。渡るかと云つたら、たのむと云つた。子どもは乗つた。舟がまん中ごろに来たとき、おらは見ないふりしてよく子供を見た。きちんと膝に手を置いて、そらを見ながら座つてゐた。

お前さん今からどこへ行く、どこから来たつてきいたらば、子供はかあいい声で答へた。そこの笹田《ささだ》のうちに、ずゐぶんながく居たけれど、もうあきたから外へ行くよ。なぜあきたねつてきいたらば、子供はだまつてわらつてゐた。どこへ行くねつてまたきいたらば更木《さらき》の斎藤へ行くよと云つた。岸に着いたら子供はもう居ず、おらは小屋の入口にこしかけてゐた。夢だかなんだかわからない。けれどもきつと本統だ。それから笹田がおちぶれて、更木の斎藤では病気もすつかり直つたし、むすこも大学を終つたし、めきめき立派になつたから。

こんなのがざしき童子です。


北上川の渡し守が語った話になっていますが、笹田の家のザシキワラシが出て、更木の斎藤の家に行くと、出た家は貧乏になり、移った家は豊かになるというのです。『遠野物語』の孫左衛門の家の話（一八話〜二一話）と同じで、よくあるパターンの話と言えましょう。しかし、文章はまったく違い、平明です。

この雑誌は民俗学者の中山太郎《なかやまたろう》が佐々木に送ってくれたものですけれども、佐々木は、昭和三年（一九二八）七月、『天邪鬼《あまのじゃく》』五の巻に「雨窓閑話」を寄せて、「三年ばかり前の「月曜」といふ雑誌で、宮沢賢治氏と云ふ方が多分花巻辺のことだらうと想像されるザシキボツコの話を四節発表になられて居ります。宮沢氏の話は詩でありまして、而《そ》してロマンチツクなものでありましたが、此《この》物の真相は斯《か》くもあるものかと謂《い》ふ位に真実なるものでありました。これは私達のやうに民俗学らしい詮議でなく、もう一歩深く進み出た詩の領分のものであつたと覚えて居ります」と述べています。

　賢治の世界は詩であり、ロマンチックなものでありながら、ザシキワラシの本当の姿はこういうものなんだと言うくらい、「真実なるもの」であると見たのです。柳田は『遠野物語』を「現在の事実」であると規定しましたが、佐々木は賢治の話は「事実」以上の「真実」だと評価するのです。

　それは、「民俗学らしい詮議」ではなく、「もう一歩深く進み出た詩の領分」という点に明確に表れています。つまり、「詩の領分」を「民俗学らしい詮議」よりも高く評価しているのです。「詩の領分」に入ることによって、ザシキワラシの「真実」が明らかになるというのは、民俗学を越えています。実は、水野が「宮沢賢治氏の童話について」で述べたような実感を、他ならぬ佐々木自身が抱いていたことがわかります。佐々木は、民俗学では収まりきれない思考を持っていた人にちがいありません。

　この「ざしき童子のはなし」の再録を求めて、佐々木が出したと推定される書簡に答えて、昭和三年八月に賢治が出した書簡には、「お手紙辱けなく拝誦いたしました。旧稿ご入用の趣まことに光栄の至りです。あれでよろしければどうぞどうなりとお使ひください。前々森佐一氏等からご高名は伺って居りますのでこの機会を以てはじめて透明な尊敬を送りあげます」とあります。賢治のほうでも、郷土を同じくする先輩に「透明な尊敬」を抱いていたのです。

佐々木と賢治の関係が親密になるのは、昭和七年（一九三二）、仙台で暮らすようになった佐々木が花巻でエスペラント講習会の講師を引き受け、賢治を訪ねるようになってからです。佐々木は柳田国男に勧められて、ザメンホフが創案した人工の国際語エスペラントを習得していました。この時、花巻での講習会は二度開かれていて、一回目は四月、二回目は五月でした。

四月一三日の佐々木の日記には、「午後宮沢賢治氏の病室へ行つて三、四時間話す」、一六日には「其《その》足で宮沢君のところへ行つて夕方まで話した」、「宮沢君のところではいろいろのものを作つて御馳走になつた」、一八日には「それから宮沢君へ行き、詩集を貰つたり、おひるを御馳走になつたり」とあります。エスペラントの講習の合間をぬって三日間も訪ね、滞在は長時間に及びました。この時、賢治の容態が必ずしもよくなかったことからすれば、二人は意気投合したのでしょう。

佐々木が仙台に戻り、五月一〇日、賢治は、「民間伝承第二号たゞいま辱けなく拝受いたしました」、「編輯　版行のご苦心一字一字にもしのばれ勿体ないやうに存ぜられます。まだ一ぺんひらいて見たばかりでございますが、方言の民話面白く心を惹《ひ》かれました」という書簡を出しています。『民間伝承』は佐々木が自宅に置いた民間伝承学会で発行した謄写版の雑誌で、その中の「方言の民話」に興味を持ったのです。

また、「今日はもはや十日ですから或《あるい》は両三日中再びご来花の運びになるかと思ったり、或はこの頃ブルガリヤの人とかも来てゐたさうだしおやめになるのかとも危んだりして居ります。もし幸にお出ましあれば、何卒重ねて拝眉を得たく存じ居ります」ともあります。賢治のほうから再会を望んでいる様子です。

これを受けて、二回目の花巻行きでも、佐々木は賢治を頻りに訪ねています。五月二二日の日記に「午前十時頃宮沢君のところへ行く。同君とてもよくなつてゐる。長い時間話し昼食を御馳走になる」、二五日には黒沢尻から花巻に戻り、「花巻に着いてから宮沢君に行つて話をした。仏教の奥義をきいて来る」、二七日に「宮沢さんに行き六時間ばかり居る」と見えます。仏教の奥義を話し合ったようですが、彼らは自分たちの信仰を掘り起こしながら会話をしているのです。賢治の体調が良くなかったことからすれば、長時間の談話には異様とも言えるような親しさが感じられます。佐々木はすぐれた昔話採集者でしたから、病中の賢治のかけがえのない話し相手になったはずです。

しかし、二人は昭和八年（一九三三）九月に相継いで亡くなってしまいます。二人をよく知る歌人の関登久也《せきとくや》は『北国小記』で、喜善が亡くなった後、「九月廿一日には宮沢賢治氏を失くし、その廿九日には喜善氏を失ひ吾らの郷土は転《うた》た寂寥にたへない。喜善氏が来花すると必ず宮沢さんを訪ねた。そして喜善氏の信仰する大本教が宮沢さんに依つて時に痛烈に批判されても喜善氏が宮沢さんにはかなはない、といつて頭をかいてゐるのであつた」と追悼しています。一〇歳年下の賢治を、佐々木は高く評価しているのです。

四 「狼森と笊森、盗森」と『上閉伊今昔物語』

今日、もう少し踏み込んでお話してみたいと考えているのは、先ほど水野葉舟が取り上げていた『注文の多い料理店』です。『注文の多い料理店』は、『春と修羅』と並んで、大正一三年に出ています。「序」から始まって、「どんぐりと山猫」「狼森《オイノもり》と笊森《ざるもり》、盗森《ぬすともり》」「注文の多い料理店」「烏の北斗七星」「水仙月の四日」「山男の四月」「かしはばやしの夜」「月夜のでんしんばしら」「鹿踊りのはじまり」の九編です。「注文の多い料理店」は中学校の教科書にも出て、よく読まれてきました。そこで、水野が挙げている三編の中から、「狼森と笊森、盗森」を取り上げてみたいと思います。

これは「小岩井《こいはゐ》農場の北に、黒い松の森が四つあります。いちばん南が狼森で、その次が笊森、次は黒坂森、北のはづれは盗森です」と始まります。岩手山麓の小岩井農場の北に四つの森がありましたが、それらの森には名前がまだないのです。黒坂森に大きな巌《いわ》があって、その森に名前が付いた由来を語ってきかせるのです。つまり、岩手山麓にそういう名前の森が生まれた起源を語る童話です。それを巌から聞き書きしたという体裁で書いてゆくのです。

この話の中では、ずっと昔、岩手山が噴火して、やがて森ができたのです。つまり、はじまりの時間と空間がそんなふうに書かれています。そこに四人の百姓が開墾に入り、自然が切り開かれてゆきます。そこで作るのは米ではなく、蕎麦《そば》や稗《ひえ》です。開墾をして蕎麦や稗を蒔《ま》くというのは焼き畑農耕です。『注文の多い料理店』発刊の際の広告ちらしでは、「人と森との原始的な交渉で、自然の順違二面が農民に与へた永い間の印象です」と書いています。「原始的な」というのは、「神話的な」と読み替えてもいい世界です。これは森の地名起源譚を描くのですが、どのように話が進んでゆくのか見ると、三回の繰り返しがあります。昔話も三という繰り返しが重要ですが、「狼森と笊森、盗森」に三という繰り返しを使うのは、賢治が昔話の世界にどっぷり浸かっているからです。

まず、開墾に来た百姓の子供たちが四人いなくなります。『遠野物語』で言えば、「神隠し」です。例えば、七話には、「黄昏《タソガレ》に女や子共《コドモ》の家の外に出て居る者はよく神隠しにあふことは他《ヨツ》の国々と同じ」とあります。女や子供が突然いなくなることはどこの国にもあり、遠野でもそういった神隠しがあるというのです。百姓の子供たちがいなくなるというのは、神隠しにあったことでしょう。

そして黒坂森に住む百姓たちは、狼森に子供たちを探しに行きます。そうすると、そこで見つかるのですが、森の悪戯《いたずら》なのです。『遠野物語』では「神隠し」と言われているものが、賢治の童話では「森の悪戯」になっています。『遠野物語』は悲しい話が中心ですけれども、賢治の話は明るくてユーモアがあります。東北人というのは悲哀を深く感じる一方で、とてもユーモアがありますが、賢治の中にはそういった二面が同居しています。

子供たちが火を焚く周りを狼が駆け回り、狼が子供たちに茸《きのこ》や栗《くり》をご馳走して返すと、百姓たちは粟《あわ》餅《もち》を拵えて、狼森に持っていきます。『遠野物語』では、内陸と海岸の間で荷物を運搬した駄賃附《だちんづけ》が馬を引いていくと、狼が襲ってきたり（三七話）、狼が人の住む所までやってきて、家畜の馬を殺したり（三八話、四二話）します。駄賃附が狼に襲われそうになって、馬と人の周囲に火を焚いて狼を防いだというモチーフは、「狼森と笊森、盗森」と共通です。

そして、二番目の話では、鉈《なた》や三本鍬《さんぼんぐわ》、唐鍬《とうぐわ》といった開墾と農作のための農具がなくなります。そこで、今度は笊森に行くと、笊の中に農具が入っているのです。森の悪戯です。そうすると、そこに黄金色の目をした顔の赤い山男が座っているので、栗を持っていって渡すようになります。山男の話は『遠野物語』にもいくつかあります。顔の色が黒くて目は鋭かったとか見えますが、山男はやはりとても餅が好きです（二八話、拾遺一〇〇話）。

そして三番目の話では、作っていた栗がなくなります。今度は盗森に行くと、手の長い大きな男がそこにいます。岩手山が栗は返させるから、悪く思わないでくれと言います。盗むということもユーモアにしてしまいます。

盗みは『遠野物語』の中にも出てきます。二話は遠野三山鎮座の由来ですけれども、母神が三人の女神を連れて遠野にやってきて、姉の胸の上に霊華が降ると、末の娘が盗んで、一番高い早池峰山を手に入れます。早池峰山の女神は盗みをして鎮座したのですから、稲の種を盗んできた者も救ってくれるのです（拾遺六九話）。この話の場合も盗みというモチーフが出ています。

このようにして出てくる岩手山麓の森のはじまりは、人と森との交渉の歴史です。まさに神話の風景でしょう。昭和二〇年代から三〇年代に『上閉伊新聞』という地元の新聞があり、遠野高校社会科研究会が「上閉伊今昔物語」を二〇〇回以上連載しています。その二四〇回に、「あんどん森」があります。

遠野地方には「糠森」「経塚森」「地震が森」などとともに、「あんどん森」と云うのがある。小友町山谷《やまや》、土名石鍋の行灯森及び字鍛治ケ沢《かじがさわ》、土名時洞《ときぼら》の行灯森等がある。ここに云う行灯森は、遠野町鍋倉山の白萩にあるものについてである。

その昔、この白萩が昼でもなお薄暗い気味の悪い程鬱蒼とした森であった頃のことである。

この森に夜になると、いつも出て来て行灯を灯し、糸もみをしている若いきれいな女があった。そこで猟の上手な或る男が、これはおかしい、何者だろうと鉄砲で撃って見た。ところがどうしたことであろうか、一向にあたらなかったと云う。猟師は不思議に思って、その男の先生である今の上郷町細越《ほそごえ》に居る人に聞きに行った。

「俺はいまだかつて撃ってあたらないことはなかったのに、どうした事だろう」

と云うと、その先生は、

「お前はまだ駄目だ。その女はキット狐か何か獣に相違ないから、撃つ時はそのものではなく、行灯の火を撃つのだ」

と教えてくれた。猟師は急いで帰り、早速その森に行って、夜の来るのを待っていた。あたりが真暗になると、例のところに女がかすんだように見えて来た。猟師はやがて糸もみを始めたのを見定めて、行灯を撃った。はたして、それはこの森に何百年と住む巨大な蝦蟇《がま》であったと云う。

それから遠野の人達は、この森を行灯森と呼ぶようになり、その地名は今も白萩に残されている。

（祖父の話、菊池満子）

（昭和三四年一月一二日、第二九一号）


「或る男」と「先生」とあるだけで、猟師の実名はわかりませんけれども、細越にいた先生というのは畑屋《はたや》の縫《ぬい》という狩りの名人が想定されているのでしょう。白萩に「行灯森」という森があるが、森の名前をそう呼ぶようになった地名起源譚です。猟師は女の正体を見ぬくことができませんでしたが、先生は行灯を撃てばいいと知恵を授けてくれたのです。女の正体は、何百年と森に住む蝦蟇でした。

『遠野物語』の「題目」を見ていくと、「塚と森と」があります。遠野にはこういう森をめぐる伝説があるのですが、こういう「あんどん森」のような伝説を童話化すれば、「狼森と笊森、盗森」に近づくはずです。「いかにもぴつたり同じ地色のものを感じて、私は深く考へ入つた」と述べた水野葉舟の感性は、実に鋭かったと思うのです。

五　「鹿踊りのはじまり」と『遠野物語』の構成

もう一つだけ、『注文の多い料理店』から引いてみたいと思います。一番最後にある「鹿踊りのはじまり」です。これは夕暮れの野原でうとうとして、風から聞いた鹿踊りの起源です。シシというのは鹿のことですが、『遠野物語』の中には、鹿はもちろん、白い鹿も出てきます。

「鹿踊りのはじまり」では、嘉十《かじゅう》という男が畑を開いて粟や稗を作りますが、栗の木から落ちて怪我をして、湯治場に行きます。途中、野原で栃と栗の団子を食べて、残りを鹿にやります。そのとき、自分の使っていた手拭を忘れてくるのです。引き返してみると、手拭の周りに六匹の鹿がぐるぐる回っていました。その鹿の様子をのぞき見て、鹿たちが団子の側にある手拭が何物なのかと議論しているのを聞きます。

嘉十は鹿の声を聞く耳を持っているのです。昔話には人間と動物は同じ生き物にすぎないという思想があるので、動物の声を聞くことができますが、ここでも鹿たちの話を聞くことができるのです。嘉十がよく鹿を見ていると、自分までが鹿のような気がして、今にも飛びだそうとします。鹿と自分が一体化して区別がなくなるのです。そして、ついに自分と鹿との違いを忘れて、鹿の踊りの中へ飛び出していくわけです。

踊りの中に飛び出す人物と言えば、昔話の「瘤取《こぶと》り爺《じじい》」を思い出します。賢治は「瘤取り爺」を意識して書いているのではないかと思います。上手に踊ったお爺さんは鬼に瘤を取ってもらいますが、下手に踊ったお爺さんは鬼に瘤を付けられます。鬼はお爺さんを歓迎しましたが、嘉十が飛び出すと、鹿たちはさっと逃げてしまいます。「鹿踊りのはじまり」にある世界は芸能だけでなく、昔話と接点を持っているのです。

『遠野物語』の序文には獅子踊が出てきます。柳田が明治四二年の八月に遠野を訪れたとき、附馬牛《つきもうし》の天神の山にある菅原神社の獅子踊を見ています。「獅子踊と云ふは鹿の舞なり。鹿の角を附けたる面を被り童子五六人剣を抜きて之《これ》と共に舞ふなり。笛の調子高く歌は低くして側にあれども聞き難し」とあります。昨年（二〇〇七）、夏のゼミナールにご参加くださった方は、九八年前と同じ風景を目の当たりにされたはずです。

一一九話には獅子踊の詞章が出てきます。一一九話は『遠野物語』の最後にある話です。モチーフが一致するとか、「同じ地色のもの」であるということ以上に、構成上、「鹿踊りのはじまり」を最後に持ってきたというのがとても気になります。『注文の多い料理店』の構成は、『遠野物語』を意識しているのではないかと思います。

この構成は何回か変わっていて、最終段階で「鹿踊りのはじまり」は最後になったのです。九編は、大正一〇年（一九二一）八月から一一年四月にかけて、八カ月間のあいだに連作のようにして一挙に書かれました。だいたい年代順に並んでいますけれど、「かしはばやしの夜」から「鹿踊りのはじまり」は、早く書かれているにもかかわらず、後ろにもってきています。

おもしろいのは、『注文の多い料理店』の広告ちらしを見ると、番号がふられていることです。「どんぐりと山猫」は1、「鹿踊りのはじまり」は9です。つまり、賢治はちゃんと数字を付けているのです。『遠野物語』にも一一九という数字が付いていますが、偶然の一致ではないと思います。

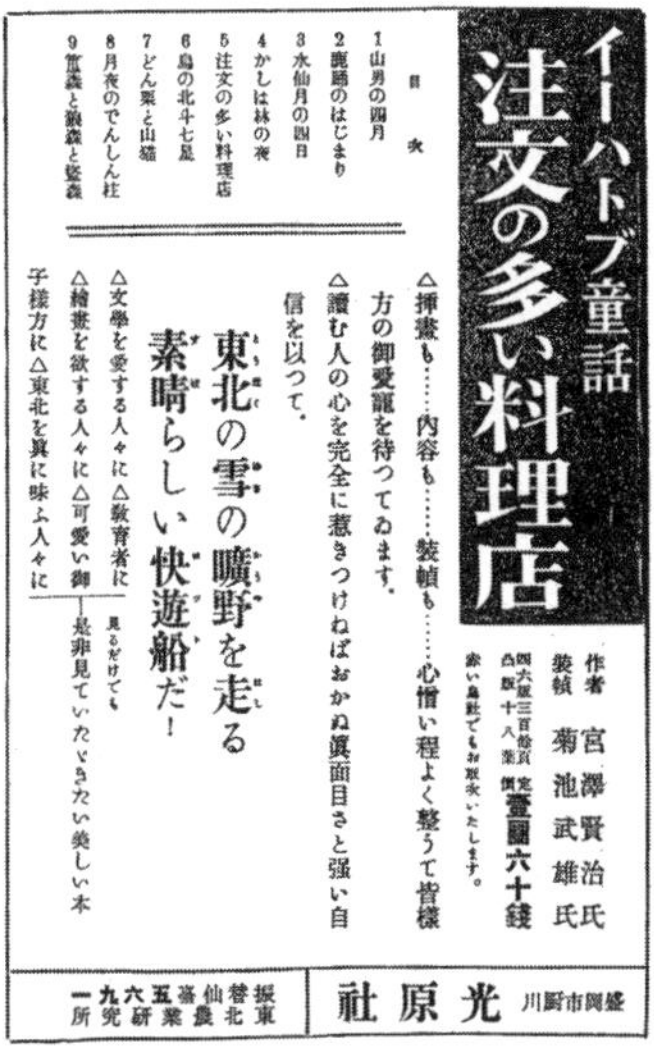

『注文の多い料理店』広告（『赤い鳥』第14巻第1号、大正14年）

広告ちらしには、「注文の多い料理店はその十二巻のセリーズの中の第一冊で先づその古風な童話としての形式と地方色とを以て類集したものであつて次の九編からなる」とあります。全部で一二巻書こうとしていたのです。一二巻集まったら、九話の一二倍ですから一〇八編になります。賢治の構想は、『遠野物語』の一一九話に匹敵する一〇〇編近い童話を並べてみることではなかったかと思います。

水野葉舟は、「同じ地色のもの」と言いましたけれども、私自身、この一六年『遠野物語』を読んできて、さらに最近の二、三年『注文の多い料理店』を見てきて深く感じることは、『遠野物語』と『注文の多い料理店』は、基盤が同じだけではないということです。はっきり言ってしまえば、どこかで賢治が『遠野物語』の初版を見ていなかったら、こんな内容や構成にはならなかったのではないかと感じます。

『注文の多い料理店』の広告ちらしでは、「これらは決して偽でも仮空でも窃盗でもない」とあります。この言い方は、『遠野物語』の「目前の出来事」「現在の事実」を意識しているのではないか。さらに、「どんなに馬鹿げてゐても、難解でも必ず心の深部に於て万人の共通である」とも述べます。万人に共通の心の深部といふのは、神話的な思考でしょう。二編を取りあげてみるだけでも、賢治の童話に引かれるのは、我々の心の一番深い場所との対話があるからだと思うのです。

あるいは、「序」では、こんなことを言っています。

ほんたうに、かしはばやしの青い夕方を、ひとりで通りかかつたり、十一月の山の風のなかに、ふるへながら立つたりしますと、もうどうしてもこんな気がしてしかたがないのです。ほんたうにもう、どうしてもこんなことがあるようでしかたがないといふことを、わたくしはそのとほりに書いたまでです。

柳田は佐々木に話を聞いて書きましたけれど、賢治は自然から感じて書くのです。レトリックだといえば、それまでなんですけれども、「これらわたくしのおはなしは、みんな林や野はらや鉄道線路やらで、虹や月あかりからもらってきたのです」とも述べます。これはレトリックであるという以上に彼の精神と深く関わっていて、「自然からの贈与」を深く認識していたことがわかります。シャーマニックな感じさえ与えますけれども、自然が賢治に書かせたものが『注文の多い料理店』の世界だという立場をとるのです。

こういった世界は、「卑怯《ひけふ》な成人たちに畢竟《ひつきやう》不可解な丈《だけ》である」と言います。大人たちには不可解でわけがわからないかもしれないが、子供たちには「これらは決して偽でも仮空でも窃盗でもない」と見えるという確信があるのです。『遠野物語』の読者は成人ですが、『注文の多い料理店』の読者は子供であるという違いは重要です。この子供と大人の問題については、後でまたお話ししてみたいと思います。『遠野物語』が「目前の出来事」「現在の事実」と言ったことと、『注文の多い料理店』の「偽でも仮空でも窃盗でもない」は確かな対話を始めております。

『遠野物語』は佐々木の話を聞いて柳田が誠実に書き留めますが、「鏡石君は話上手には非《あら》ざれども誠実なる人なり。自分も亦《また》一字一句をも加減せず感じたるまゝを書きたり」とします。誠実な話し手と誠実な書き手が書いたので、「事実」であることが保証されるという仕組みです。

重要なのは「感じたるまゝ」です。これを「話したるまゝ」とも書かず、「聞きたるまゝ」とも書かなかったという書き手の主体性は、これを単なる記録から飛翔させます。賢治の、「わたくしはそのとほりに書いたまでです」というのは、『遠野物語』に非常に近いことがわかります。人間から聞く柳田の感性と自然から聞く賢治の感性は、人間と自然の違いはあっても、無縁ではないように思います。

六　『遠野物語』に見る狼と熊との歴史

水野葉舟が指摘したことを改めて振り返ってみます。「同じ地色のもの」というのは、岩手の風土や民話であり、遡れば縄文時代から引き継いだ神話的な思考ではないかと思うのです。我々が日本史で学ぶ縄文時代は、紀元前四世紀頃、弥生時代に変わると教えられますが、東北へ来て感じるのは、むしろ、集落のすぐ側に縄文遺跡が眠っていて、その精神は今も残っているのではないかということです。

柳田は、近代文明が謳歌される時代を迎えても、九州の椎葉《しいば》に猪狩りが残っていたように、東北には縄文的な時間が生きていることを感じていたのだろうと思います。伝説的世界は、地方に暮らす人間にとって大事な歴史です。それに対して、『注文の多い料理店』は、はじまりの時間を童話にしてゆきます。しかし、そこには童話というだけでは説明できない神話的世界の創造があります。

『注文の多い料理店』は菊池武雄の絵との合作ですが、『遠野物語』は聞き書きという合作でできています。どちらも自費出版で、商売にはならなかったらしいことも共通です。『遠野物語』の多くは親類や知音に差し上げて、一部が販売されます。『注文の多い料理店』も差し上げるだけでなく、『赤い鳥』に広告が出ていますから、販売されています。『遠野物語』は大人を読者にしていますが、『注文の多い料理店』は子供を読者にしています。『遠野物語』と『注文の多い料理店』とが対話を始めているわけです。

さきほど、「狼森と笊森、盗森」について申しあげましたが、例えば、四二話に狼の話が出てきます。飯豊《いいで》村の者たちが萱《かや》を苅《か》る仕事をしていると、岩穴から狼の子三匹を見付け、二匹を殺して一匹を待ち帰ります。その日から狼が飯豊の人たちの馬を襲うことが繰り返されました。狼は自分の子供を殺したり奪ったりした人間が誰であるかを識別し、飯豊の人々の大事な財産である馬を襲うのです。狼はものすごく人間的です。

飯豊の人々は相談して狼狩りをしますが、その中には鉄という力自慢の者もいました。雄の狼は狼狩りの人間を恐れて近づいて来ないのですが、雌の狼は鉄に襲いかかります。子供をめぐる母親の強さがはっきり出てきます。父狼は逃げ腰でも、母狼は鉄に飛びかかるわけです。

そこで鉄が上張りを脱いで腕に巻き、狼の口の中に突っ込むと、母狼はそれを噛みます。鉄は強く腕を突き入れながら人を呼びますが、誰も恐れて近よりません。鉄の腕が狼の腹まで入ると、狼は苦しまぎれに鉄の腕骨を噛み砕きます。狼はその場で死にますが、鉄も担がれて帰り、ほどなく亡くなります。この狼と人間の戦いは相打ちになるわけです。

子供への愛を持つ母狼と力自慢の男が向き合ったのです。動物と人間との「共生」というのは、生やさしいものではないことがわかります。かつて遠野の人々は狼と向き合いながら生きてきたのです。明治三八年（一九〇五）に狼は絶滅したと言われますが、その前にあった狼と人間との歴史の一齣です。

我々は鉄砲を使えばいいではないかと思うのですが、この鉄という男は自分の腕を狼の口の中に突っ込むわけです。熊と争ったときにも、こぶしを口の中に突っ込んだという話が、『遠野新聞』にも出てきます。狼や熊と人間とが真剣に向き合ったとき、鉄砲を投げ捨てて素手で戦うのが、かつて人間と狼や熊が持っていた対等な関係だったのではないかと思います。

続く四三話には熊の話が出てきます。上郷村の熊という男が友人とともに雪の日に六角牛《ろっこうし》に狩りに行って、谷深く入っていき、熊の足跡を見付けたので、手分けして捜します。とある岩陰から大きな熊がこちらを見ますが、矢頃があまりに近かったので、銃を捨てて熊に抱え付きます。「矢頃」というのは、矢を射るのにちょうどよい距離です。鉄砲を使う時代になっても、「矢頃」という言葉が残っているのです。

そして熊と四つに組んで、雪の上を転んで谷へ落ちていきます。連れの男は救おうと思うのですが、どうしようもありません。やがて谷川に落ちて、「人の熊」が下になり水に沈み、「獣の熊」が上になったときに、討ち取ったというのです。連れの男が討ち取ったのですけれど、その状況は具体的に書かれていません。「人の熊」は水にも溺れず、爪の傷は数カ所受けたけれども、命に障ることはなかったそうです。

どちらも熊なので、「人の熊」「獣の熊」というのですが、そこにはある種の言葉遊びがあるわけで、そこに話のおもしろさがあります。重要なのは、先ほどの狼の話と同じで、向き合ったときにはもう組み合ってしまうのですが、この場合には人間が勝ちます。それにしても、人と熊の境界は曖昧で、動物と人間の区別はなくなります。「熊」という言葉の遊びはあるにしても、「人の熊」「獣の熊」と言わなければわからないほど一体化しているのです。

今、遠野では里に熊が下りてきて、玉蜀黍《とうもろこし》を食べたり、人を襲ったりする被害が起きています。熊が里に下りてくるというのは、そんなに古くからあったことではありません。かつては山へ猟に行くとか、焼き畑の仕事に行くとか、そういったときにしか熊に出会わなかったのです。人間と熊との境界がはっきりしていて、お互いに住み分けてきました。ところが、今、境界線がだんだん里に下がってきているのです。

遠野の恩徳《おんどく》という所には、三浦徳蔵《みうらとくぞう》という「山の賢人」が住んでいます。三浦さんにインタビューに行ったときに、熊の話も出ました。熊ならすぐそこら辺りを歩いていると話すのです。恩徳は米が穫れないほど高地ですから、人間と熊との境界線のような場所だったのです。三浦さんは熊と人間とが生活する秩序を知っているわけです。そうしたことからすれば、遠野の人々が「平地人」になってしまったために、熊との暮らし方がわからなくなってきたのだろうと感じます。

七　「なめとこ山の熊」の批判精神

熊と人の交渉ということで言えば、宮沢賢治には、ご存じのとおり「なめとこ山の熊」という童話があります。いつ書かれたのかわかりませんけれども、筆記用具と原稿用紙から見ると、昭和二年（一九二七）くらいではないかと推定されています。

この「なめとこ山の熊」は、「なめとこ山の熊のことならおもしろい」と始まります。なめとこ山には熊がごちゃごちゃいて、その熊の胆《い》はとっても有名なものになっています。熊の胆は、腹の痛いのに効き、傷も治す万能の薬です。なめとこ山の熊の胆はブランド品なのです。遠野の畑屋《はたや》の縫《ぬい》ではありませんけれども、熊捕りの名人の淵沢小十郎が片っ端から熊を捕っていきます。

小十郎という人は、「すがめの赭黒《あかぐろ》いごりごりしたおやぢで胴は小さな臼ぐらゐはあったし掌は北島の毘沙門さんの病気をなほすための手形ぐらゐ大きく厚かった」と説明されます。「すがめ」というのは、「伊勢の平氏は眇《すがめ》なりけり」と『平家物語』に出てきますが、片目のことです。片目に注目したのは柳田国男で、『一目小僧その他』という本もあります。琵琶法師もそうですけれども、それは神の生け《い》贄《にえ》にするために、片目を潰しておいたと考えたのです。過激な仮説ですけれども、人に限らず、「片目の魚」「片目の蘆《あし》」などさまざまな伝説を説明しています。

畑屋の縫が一つ眼一本足の怪物を退治したという話があります（拾遺九六話）。猟師と怪物は近い位相にあります。退治する者と退治される者は同一だというのは、神話学の説くところです。「赭黒い」というのも、山の神の顔が赤いというのと近いと思います。熊捕りの名人小十郎は、山の怪物や山の神に近いイメージを持っているのです。

さらに、「小十郎は夏なら菩提《マダ》樹の皮でこさへたけらを着てはむばきをはき生蕃《せいばん》の使ふやうな山刀とポルトガル伝来といふやうな大きな重い鉄砲をもってたくましい黄いろな犬をつれて」います。おもしろいのは比喩です。「生蕃の使ふやうな山刀」の「生蕃」は、台湾の先住民族で漢族に同化しなかった異族です。柳田の山人論のモデルに、台湾の生蕃があるということはよく言われます。明治四二年の『珍世界』第一巻第三号の「天狗の話」に、最初に出てきます。

そのレトリックからすれば、なめとこ山の猟師は台湾の生蕃と近いところにあると、賢治は嗅ぎ取っているのではないでしょうか。そのように見ることによって、「なめとこ山の熊」はよく理解することができます。そして、「ポルトガル伝来といふやうな大きな重い鉄砲」は西洋の技術ですけれども、もはや弓矢ではなく、武器を手にして狩りをする猟師です。

熊たちは小十郎や犬が好きです。この好きだという感覚は、我々にはわからなくなっていますけれども、なめとこ山あたりの熊は小十郎に狩られるにもかかわらず、小十郎が好きなのです。詩人の天沢退二郎《あまざわたいじろう》さんは、「殺し殺される小十郎と熊との間には殆ど愛とさえよびうるつよい精神的な絆《きずな》がある」と解説しています（『宮沢賢治全集　7』）。その通りではないかと思います。

熊は小十郎が好きなんですけれども、鉄砲を向けられるのは嫌で、気の激しいやつがかかってゆくと、小十郎は熊の月の輪目がけて撃ちます。熊を撃った後、小十郎は、「熊、おれはてまへを憎くて殺したのでねえんだぞ」と言います。憎しみでなくて、愛情なんだというのです。「おれも商売ならてめへも射《う》たなけぁならねえ。ほかの罪のねえ仕事をしていんだが畑はなし山はお上のものにきまったし里へ出ても誰《たれ》も相手にしねえ。仕方なしに猟師なんぞしるんだ。てめへも熊に生れたが因果ならおれもこんな商売が因果だ。やい。この次には熊なんぞに生れなよ」と言って、殺した熊への言葉をかける儀礼を行うのです。アイヌのイヨマンテは熊の霊を神の国に送り返す儀礼ですけれども、山で捕った熊や大事にしてきた子熊を丁寧に送って、また幸をもたらしてくれるように祈ります。マタギの儀礼もそうです。まさにそんな猟師と熊との関係が、「おれはてまへを憎くて殺したのでねえんだぞ」という一言によく表れています。けれども、生きていかなければいけない中で、仕方なく猟師を商売にし、それは罪深い仕事であると認識しているのです。これは、「注文の多い料理店」の二人の若い紳士のような趣味とは違います。狩りをするのは、生きるためです。商売ということは後でも問題にします。ただ、小十郎は赤痢で息子と奥さんを亡くし、九〇歳の年寄りと、残された七人の子供を面倒みなければいけなかったのです。

そういう中で、「鹿踊りのはじまり」ではありませんけれども、「小十郎はもう熊のことばだってわかるやうな気がした」というのです。天沢さん流に言えば、人と熊が愛をもって暮らしているのですが、それに対して町という場所は愛のない世界です。東京もそうかもしれません（笑い）。それにしても、小十郎が町へ熊の皮と胆《きも》を売りにいくときの惨めさといったら、まったく気の毒としか言いようがありません。

町の大きな荒物屋では、笊や砂糖、砥石、煙草、硝子《ガラス》の蠅とりまで売っています。小十郎が「旦那さん、さう云はなぃでどうか買ってく呉んなさぃ。安くてもいゝます」と言っても、旦那は「なんぼ安くても要らなぃます」と断ります。まったく商売の駆け引きです。売れなければ暮らしが成り立たない小十郎は、「どうが何んぼでもいゝはんて買って呉《く》なぃ」と頼むと、旦那は店の平助に、「ぢゃ、平助、小十郎さんさ二円あげろぢゃ」と言います。明治四三年の『遠野物語』初版は五〇銭、昭和一〇年の増補版は三円ですから、増補版一冊も買えません。拾遺二一〇話に熊の肝《きも》を釜石へ一七〇円で売ったと出てきます。これは熊の皮二枚で二円ですけれども、いかに汚い商売であるかがわかります。

拾遺二一二話には、焼き畑の開墾に行った兄弟が熊を見つけ、「よし来た、あの熊を捕つて高く売らう。何とひどく大きな物ではなかつたか、よい金儲《かねまう》けだ」と言い合ったとあります。猟師ではない里人の中にも、熊で一攫千金《いっかくせんきん》をねらう者たちがいるのです。熊を捕ることを商売に考える雰囲気をよくとらえています。釜石や遠野は、そうした商売で生きてきた町だったのです。

山の中の聖なる世界に対して、町の中には俗なる世界があると考えているのです。町の世界は『遠野物語』にいう平地人の世界ですし、それは大人の世界と言ってもいいかもしれません。山に対する町、猟師に対する荒物屋は、山人に対する平地人、子供に対する大人でもあったのです。俗なる世界とは経済優先の社会で、駆け引きで儲けようと躍起になる社会です。

「なめとこ山の熊」で、「熊は小十郎にやられ小十郎は旦那にやられる。旦那は町のみんなの中にゐるからなかなか熊に食はれない。けれどもこんないやなずるいやつらは世界がだんだん進歩するとひとりで消えてなくなって行く」と述べています。これは賢治が顔を出した草子地と呼ぶような記述です。

今は熊が町に現れますが、残念なことに賢治の予言ははずれて、日本はずるいやつらだけしかいないような（笑い）社会になっています。だから、賢治の童話を読むことが重要なのです。かつての人間にはこういう生き方があったということがわかります。遠野の人も俗化しつつあると思いますが、荒物屋ではなく、小十郎のような感性が少しは残っているでしょうか。

八　狩猟民の思考に学ぶ意義

　ある夏、小十郎が大きな熊を見つけますが、熊は飛びかかろうか、射《う》たれようか、迷います。射たれようか迷うというのは、まさにアイヌの世界です。知里幸恵《ちりゆきえ》の『アイヌ神謡集』に出てくる神々は人間に殺されてやるという発想をします。熊は自分の意志で射たれて恵みを与え、人間はそれに感謝するのです。こういう狩猟民の思考とアイヌの思考は地続きで、すぐ側にあります。

　ところが、熊が「少しし残した仕事もあるしたゞ二年だけ待ってくれ」と頼むので、小十郎も待ってやるのです（笑い）。二年経つと、小十郎の家の前で、その熊は約束どおり死んでいるわけです。人間は平気で約束を破りますけれど（笑い）、熊はちゃんと守ります。そして、一月のある日、小十郎は母親や孫たちと会話を交わしながら家を出ます。大きな熊を見つけると、熊が襲いかかってくるのです。小十郎は鉄砲を射ちますが、熊は倒れないで、頭ががあんと鳴って、一面真っ青になります。熊にやられてしまうのです。小十郎は、「もうおれは死んだ」と思います。

　先ほど小十郎は、「おれはてまへを憎くて殺したのでねえんだぞ」と言っていましたけれども、熊も「おゝ小十郎おまへを殺すつもりはなかった」と言うのです。小十郎は、「これが死んだしるしだ。死ぬときみる火だ。熊ども、ゆるせよ」と思うのです。死の世界に入ってゆくような感じです。小十郎は熊を捕り、今度は小十郎が熊に捕られるわけです。そういう関係の中で山の人間と動物は生きてきたのです。

そして、三日目の晩になると、月があがり、雪が輝き、星がまたたき、栗の木と白い雪の峰々に囲まれた山の上の平らな場所に、黒い大きなものがたくさん輪になって、小十郎の死骸を見つめます。「黒い大きなもの」というのは、熊たちでしょうね。小十郎が殺した熊に言葉を与えたように、熊も殺した小十郎を敬虔に祀るのです。

そのときに、「各々黒い影を置き回々《フイフイ》教徒の祈るときのやうにじっと雪にひれふしたまゝいつまでもいつまでも動かなかった」とあります。回々教徒、つまりイスラム教徒が祈るときのように動かなかったというのです。ものすごい飛躍でしょう。なぜイスラム教徒が祈るときのようにというレトリックを使わなくてはいけなかったのか。でも、こうした比喩によって、東北の山は世界に開かれてゆきます。

先ほど、生蕃とポルトガルの問題に触れました。ここにイスラム教の問題が出てきます。賢治の童話では、山の世界が、直接、アジアやヨーロッパにつながっていくのです。それはもちろん比喩が作り出すイメージですけれども、そういう比喩の表現がアジアやヨーロッパへ視野を開いてゆくのです。山は決して世界と無縁ではないのです。そのレトリックは、やはりたいしたものだと思います。

人間と動物が対等に生きて、そして死ぬ、そういう世界が山の中にあるのです。それはものすごく誇り高い精神とともにあって、今回、テーマにする「共生」にも触れてゆく気がします。柳田が『遠野物語』の序文で、「平地人を戦慄《せんりつ》せしめよ」と言った山人や山の神の世界も、やはりこんな世界だろうと思います。それに対して、町の世界は商売で成り立つもので、実に嫌なずるいものです。『遠野物語』の山人と平地人の関係を、もっと身近な山の世界と町の世界にずらしていますが、それは子供の世界と大人の世界の問題でもあると思います。

『遠野物語』の三九話には、こんな一齣が見えます。

三九　佐々木君幼き頃、祖父と二人にて山より帰りしに、村に近き谷川の岸の上に、大なる鹿の倒れてあるを見たり。横腹は破れ、殺されて間も無きにや、そこよりはまだ湯気立てり。祖父の曰《イハ》く、これは狼が食《クラ》ひたるなり。此《コノ》皮ほしけれども御犬《オイヌ》は必ずどこか此近所に隠れて見てをるに相違なければ、取ることが出来ぬと云へり。

殺されて間もない鹿を見つけて、祖父万蔵《まんぞう》は孫の喜善に、「此皮ほしけれども御犬は必ずどこか此近所に隠れて見てをるに相違なければ、取ることが出来ぬ」と話します。祖父は山で生きるルールを教えているのです。もし鹿の皮を取っていったなら、その夜から狼は馬を狙《ねら》ったはずです（三八話）。しかし、今の大人は、こうした知恵を孫に伝えることができるでしょうか。

五六話では、河童らしいものの子を産んで追分に捨てに行きますが、「惜しきものなり、売りて見せ物にせば金になるべきに」と思って戻りますが、もう取り隠されて見えなくなっています。河童の子を殺すというのは子殺しの話ですけれども、売ったら金になるという経済優先社会が遠野にも訪れていたのです。この話は、河童の子を追分に捨てるという民間信仰と、河童の子を見世物に売ってお金にするという貨幣経済がぶつかり合っていて、そういう瞬間を『遠野物語』は書いているのです。

この大都会の吉祥寺で、『遠野物語』を読む意義を考えてみなければなりません。柳田国男が「平地人を戦慄せしめよ」と言ったことを、宮沢賢治を介在させながら考えてみるというのが、今申しあげてきたようなことです。従って、『遠野物語』にしても宮沢賢治にしても、東京でこそ読む意義があると考えているのです（拍手）。

日本のグリム・佐々木喜善の偉業

二〇〇九年六月二七日、遠野物語ゼミナール東京会場基調講演

一　佐々木喜善の東京・遠野・仙台時代

今日は「日本のグリム・佐々木喜善《ささききぜん》の偉業」という題で、お話し申し上げたいと思います。佐々木喜善については、みなさまあまりご存知ないかもしれません。柳田国男《やなぎたくにお》が日本民俗学を作った偉大な学者として知られているのに較べれば、若くして亡くなったこともあり、陰に隠れてしまった存在かもしれません。しかし、今日は、この佐々木喜善という人物を東京の地で大きく押し出して、そこから『遠野物語』の未来への可能性を考えてみたいと願っています。

喜善は明治一九年（一八八六）、かつての西閉伊郡栃内村《にしへいぐんとちないむら》、現在の遠野市土淵町《つちぶちちょう》に生まれます。その後、東京に出て現在の東洋大学にあたる哲学館、さらには早稲田大学で学びます。この明治三六年（一九〇三）から明治四四年（一九一一）までを「東京時代」と呼んでおきます。泉鏡花《いずみきょうか》は先輩ですけれども、北原白秋《きたはらはくしゅう》、三木露風《みきろふう》、前田夕暮《まえだゆうぐれ》、水野葉舟《みずのようしゅう》など、同世代の文学者たちから大きな感化を受けながら、

作家としての自立を目指していたわけです。この東京時代に柳田国男に発見されて、『遠野物語』の話し手になりますが、これについては後ほどお話し申し上げたいと思います。

しかし病気になったり、家庭の事情があったりして、遠野へ戻ることを余儀なくされます。明治四四年、『遠野物語』が出た翌年のことです。そこから昭和四年（一九二九）までを「遠野時代」と呼びます。東京を経験した人間が故郷に戻って暮らしましたが、その中で生まれたのは、作家との交流ではなく、先輩である伊能嘉矩《いのうかのり》、鈴木吉十郎《すずききちじゅうろう》をはじめ、同年代の鈴木重男《すずきしげお》など、地元の郷土研究者との交流でした。同郷人の示唆と協力を得て、彼の採集や研究が進んでゆきます。

佐々木喜善（遠野市立博物館編『日本のグリム佐々木喜善』）

そうしたことからすれば、作家としてはうまくいかず、民俗学へ転向したと見ることもできるかもしれません。ただし、作家としてものを書く行為と民俗学者として採集する行為は、とても近いところにあったように思います。今では民俗学者の採集と作家の再話《さいわ》を二つに分けますが、この時代はなお未分化だったのでしょう。彼自身が伝承者ですから、伝承者がものを書く喜びと苦しみを最初に味わったはずです。

そういう遠野時代を経て、昭和四年、彼は仙台へ出ます。昭和八年（一九三三）には亡くなりますので、四年あまりの短い期間ですけれども、これを「仙台時代」と呼びます。この時代が果たした意義は、生まれ育った遠野から出て行き、柳田国男のふところから出て行ったことにあります。後で申し上げますが、仙台時代の佐々木喜善と柳田国男の関係は安定したものでなく、お互いに愛憎半ばする思いがあったのではないかと考えられます。そういう意味で、仙台時代というのはとてもおもしろいのです。

喜善が亡くなった後、柳田国男は「郷土研究家としての佐々木喜善君」（『新岩手人』第三巻第一二号）という談話を残して、盛岡ではなく、仙台へ出たことに不満を漏らしています。盛岡に出ればもう少し安定した生活が得られ、長生きできたかもしれないと思ったのでしょう。その前提には、柳田が仙台の雰囲気をひどく嫌っていたことがあります。東北帝国大学の学風が合わなかったり、民間人の趣味に嫌気が差したりしていたのです。

死後、さまざまな人が佐々木喜善を評価しました。なかでも喜善を有名にしたのは、盛岡出身のアイヌ研究者・言語学者金田一京助《きんだいちきょうすけ》だったと思われます。金田一は、佐々木喜善のことを「日本のグリム」と呼んだと言われます。一八一二年にグリム兄弟が『グリム童話集』を出してから約一世紀遅れましたが、グリムに匹敵する事業を日本で成し遂げたということで、「日本のグリム」と呼んだのです。とてもすばらしい命名ではないかと思います。ただし、金田一がはっきりそう呼んだという文献を探すことができません。

昭和九年（一九三四）の『北の人』に入った「我が国の昔噺《むかしばなし》に就いて」には、喜善が書いた『江刺《えさし》郡昔話《ぐんむかしばなし》』『紫波郡昔話《しわぐんむかしばなし》』について、「折口信夫《をりくちしのぶ》氏が一唱三嘆して、グリム以上だと驚いた程すばらしいものなのである」とした記述が見つかります。「グリム以上だ」というのは、「日本のグリム」と言うよりも高い評価でしょう。折口は本質を見抜く感性を持っていますので、お世辞でそう言うとは思えません。この評価は、ある意味では「柳田国男以上だ」と読み替えることもできるはずです。

佐々木喜善という人は、端的に言えば、縄文以来の古い精神性を残してきた風土が、明治の新しい文明と出会う接点を生きたような人です。そこで見出だされたのは、昔話にとどまりません。それらは「現代伝説」と言ってもいいでしょうし、場合によっては「都市伝説」と呼んでもいいかもしれません。民俗学者は金田一の尻馬に乗って、昔話採集の先駆者として評価しましたが、私はそれさえも越える先見の明があったのではないかと思います。私たちは今やっと、遥か先を歩いていた喜善の姿を見つけることができるところまで来たとさえ思うのです。

二　『遠野物語』の中の「佐々木鏡石」

『遠野物語』の序文は、「此話《この》はすべて遠野の人佐々木鏡石君より聞きたり」という一文から始まります。鏡石というペンネームは泉鏡花に遠慮して「鏡石」と付けたという説でいいと思います。柳田の作家としての待遇も重要ですが、気になるのは「君」という呼び方でしょう。現在でも国会では「何々君」と言いますが、私どもの生活の中では縁遠い呼び方になっています。当時の雑誌の談話筆記にはせん。

「何々君」とたくさん出てきます。「君」は、『遠野物語』が談話筆記であることと関係するかもしれません。

『広辞苑』には、「敬称」とし、「同輩や同輩以下の氏名の下に添える語。主に男性に用いる」と出ています。柳田国男は明治八年（一八七五）の生まれ、喜善は明治一九年の生まれですから一一歳年下の人間を親しみを込めて呼んだ言葉だったはずです。聞き書きが始まった明治四一年（一九〇八）、柳田は数え三三歳、喜善は数え二二歳です。後の民俗学では、土地に行って古老から話を聞くようになりますが、『遠野物語』にはそうしたマニュアルがありません。今で言えば大学生から話を聞くようなもので、「君」という話し手のイメージはそれと深く関わるように思います。

さらに、「昨明治四十二年の二月頃より始めて夜分折々訪ね来り此話をせられしを筆記せしなり」と続きます。「せられし」の「られ」は軽い尊敬ですから、「君」という敬称と対応しています。夜の時間を割いて何度も訪ねて話をしてくれたことは、無償の行為だと考えていたのでしょう。しかし、明治四二年（一九〇九）二月は嘘で、明治四一年一一月四日に会ったことがはっきりしています。なぜ嘘をついたのかという疑問は残りますけれど、今はそこに入っていかないことにします。

重要なのは、聞き書きの場が柳田国男の家だったということです。『遠野物語』が東京で書かれたということは決定的な意味を持ちます。草稿を書いた後、明治四二年八月に柳田は遠野に行って、翌明治四三年（一九一〇）に聞いたことと見たことをまとめています。この草稿は何年か前に舐《な》めるように読みましたけれども、それを見ても草稿を遠野へ持って行った形跡はありません。むしろ、持って行かなかったという証拠のほうが遥かに多いことも述べました。

そして、「鏡石君は話上手には非《あら》ざれども誠実なる人なり。自分も亦《また》一字一句をも加減せず感じたるまゝを書きたり」とします。喜善が話上手でないというのは、彼の言葉は訛《なま》りが強くて聞きにくかったと回想していることと関係するのでしょう。ですが、『遠野物語』になると、見事な磨き上げられた文語文になっています。聞き書きの時点で、文語体に置き換える作業をしていたと想像されます。それは柳田国男の文体そのものと言っていいでしょう。

喜善の言葉が残っているとすれば、特に登場人物の会話文などに見つかります。どうしてもここだけは遠野の土地言葉でなければ駄目だという点は残したようです。神隠しに遭った長者の娘は猟師に、「何をぢでは無いか、ぶつな」と言います（六話）。「何をぢ」は土地言葉で、固有名詞が入りたいところですが、猟師の名前は「何某」で不明でした。「ぶつな」は「撃つな」で、鉄砲で撃つなという意味です。また、父親の魂がふらふらと菩提寺に行った時、先に死んだ男の子が「トツチヤお前も来たか」と言います（九七話）。ここでは「トツチヤ」と片仮名表記にして、それが土地言葉であることを明示します。全体は確かに「感じたるまゝ」という文語体ですが、ところどころに語りの痕跡が残っているのです。

とても気になるのは一一九話の獅子《しし》踊《おどり》の詞章ですけれども、この写本をいつ、どこで見たのかわかりません。遠野に行って書き残した手帳にはあるはずですが、行方がわかりません。現存する草稿にないのは、これを持って行かなかった証拠です。獅子踊の詞章を載せたことで、序文の天神の山（菅原神社）の祭礼と首尾照応するのは見事ですが、「此話はすべて遠野の人佐々木鏡石君より聞きたり」からはちょっとした逸脱です。

　そうした歪みはあっても、この作品の話し手は佐々木喜善であるという均質性は重要です。話し手の「誠実」さはもちろん、書き手も同様に「誠実」であることが、これらの話が「目前の出来事」「現在の事実」であることを保証します。この作品は実に隅々まで目配りの行き届いた仕上がりを見せています。序文末尾の「柳田国男」と奥付の「著者兼発行者　柳田国男」は書き手であり、発行者であることの責任を明示しています。

　ところが本文を読んでいくと、喜善は「佐々木氏」「佐々木君」と出てくるだけです。まさか自分のことを「佐々木氏」「佐々木君」と話すわけはなく、おそらく「私は」「余は」などと一人称で言ったはずです。ところが、その一人称は柳田の筆によって曲げられて、「佐々木氏」「佐々木君」になっています。これこそ「感じたるまゝ」の正体で、書く主体はあくまで柳田にあることを示します。それは話し手の主体の剥奪であり、喜善は一介の登場人物になってしまいます。そういう意味では、序文と本文は一貫していることになります。

　喜善自身の行動については「佐々木君」と言い、喜善の血族を説明する時には「佐々木氏」と言って、使い分けているようです。特に「佐々木君」と言う場合には、喜善の身体性がより強く出てくるように思います。そうした話に出てくる喜善は、幼い時にお祖父さん、お祖母さんからどんな話を聞かされていたのかがわかります。そうした話をご紹介しながら、『遠野物語』についてお話ししてみたいと思います。

三　祖父・曾祖母から伝わる遺伝子

三六話から四二話には狼が出てきます。「題目」には「狼《オイヌ》」と振り仮名があり、「御犬」が土地言葉だったと思われます。

狼は恐ろしいものだと何度も言いますが、特に吠える声が怖かったのです。例えば、小学生が通学していると、すぐそばの二ツ石山の岩山に狼が何匹も群れています（三六話）。狼が通学の子供に見えるというのは恐怖です。今では熊が人里まで下りて来るので、遠野の人たちは熊に怯《おび》え、子供たちは熊よけの鈴を着けて通学しています。かつては熊ではなく、狼が人里近くに来たのです。

喜善が幼い時、祖父の万蔵《まんぞう》と二人で山から帰ってくると、村に近い谷川の岸の上に大きな鹿が倒れていました。その鹿の横腹は破れていて、殺されて間もないのだろうか、その腹からは湯気が立っていました。それを見て祖父は、「これは狼が食《クラ》ひたるなり。此皮《コノ》ほしけれども御犬《オイヌ》は必ずどこか此近所に隠れて見てをるに相違なければ、取ることが出来ぬ」と言います（三九話）。喜善は祖父の言った言葉をずっと記憶していて、一連の狼の話の中で柳田に語ったのです。

鹿の皮というのは、宮家の先祖が鹿の皮を着て狩りに行ったと出てきます（拾遺一三八話）。鹿の皮はさまざまに役立ったでしょうし、商品にすることもできたはずです。鹿の肉を食べることもできましたが、オシラサマのある家は駄目です（拾遺八一話、拾遺八二話）。佐々木家にはオシラサマがあるので、肉は食べられなかったはずです。「此皮」と限定するのは、そうした背景があるのかもしれません。もし

佐々木喜善の家（遠野物語研究所提供）

皮を取れば、狼がその家の馬を襲うことは必定です（三八話、四二話）。祖父が孫に、山で生きるルールを教えたのです。一つ間違えば狼に殺されるかもしれないわけで、まさに生きるための知恵だったと言っていいでしょう。

万蔵という人は天保一〇年（一八三九）の生まれで、明治四〇年（一九〇七）に亡くなっています。死んだ祖父と、十数年前にこの体験をしたことになります。こういう言葉というのは、「口碑」と呼ぶのがいいでしょう。三陸海岸には「津波が来たら山に上がれ」というような石碑がありますが、口伝えで心に刻んでおかなければいけない大事な言葉は、そう呼んでみるのがいいと思います。

あるいは、五五話から五九話には河童《かっぱ》が出てきます。遠野と言えば、河童の町だというイメージが深くあるかもしれません。河童淵に馬を冷やしに行ったら、河童が出て来て引き込もうとし、かえって馬が引きずられて厩《うまや》に連れてこられ、家の者に見つかって、「もう悪戯をしないから」と言って許してもらったという話（五八話）は、語り部もよく語ります。

外の国では河童の顔は青いが、遠野の河童は顔の色が赭《あか》いとして、喜善は曾祖母のミチが幼い時に友達と庭で遊んでいて、胡桃《くるみ》の木の間から河童を見たという話をしています（五九話）。ミチは文化七年（一八一〇）の生まれで、明治九年（一八七六）に亡くなっています。この人が幼かった頃と言えば、一九世紀の初めのことで、『遠野物語』発刊より一〇〇年くらい前になります。喜善は曾祖母から直接聞いたわけではなく、これは家族の間に伝えられた話だったのでしょう。

今では、遠野でも「河童を見た」と言う人はいなくなったと思いますけれど、これは「幼い時に河童を見た」という証言です。曾祖母は亡くなりましたが、胡桃の木は今も残っています。人の命ははかなく、木の命は強いのです。胡桃の木があることが、この記憶を支えているはずです。曾祖母が死んで亡霊になって現れたという話（二二話）と合わせて考えることができます。しかし、曾祖母の経験が貴重なのは、河童は足跡で存在を想像する程度で（五七話）、すでに実見することが困難になっていることを感じるべきでしょう。それにしても喜善の家には、実に豊かな語りがあったことが知られます。

また、大同《だいどう》家のオシラサマの話は有名です（六九話）。当主大洞万之丞《おおほらまんのじょう》の養母のおひでという人は、八〇歳を越えて今も元気でした。おひでは喜善の祖母ノヨの姉で、大伯母に当たります。ノヨは天保一三年（一八三九）の生まれですが、おひではこの時八〇歳を過ぎていますので、一八二〇年代の生まれになります。この人のことは後でも触れますけれども、幼い喜善は、この老婆が魔法に巧みで、まじないで蛇を殺し、木に止まる鳥を落とすのを見せてもらったと言います。そんな不思議なことがあったのかと思いますけども、目の前でそれを見たと証言しているわけです。

おひでは小正月にオシラサマを祭る際、娘と馬の結婚の話を語ったわけですが、今はその話には触れません。昭和二年（一九二七）の『老媼夜譚《ろうおうやたん》』の「自序」では、喜善は一一、二歳の時、野火で焼けたあとの野原におひでと一緒に布葉摘みに行って、摘み草を入れる籠を運ぶ役をしながら、熱心にこの話を聞いたと言っています。ですから、旧暦の正月一五日に語るだけでなく、そういう春の野で語り聞かせることもあったのです。すでにこの話が儀礼から分離して語られていたことは注意していいでしょう。

おもしろいのは、『遠野物語』を聞き書きしている間の明治四二年の一月から三月まで、喜善は故郷へ帰って話を集めていたということです。オシラ祭りに参加したばかりでなく、正月休みの酒の席では、狐に騙《だま》された話を聞いています（九四話）。六九話は話を聞いたこと自体が話になっていくという仕組みを持っています。けれども、柳田国男は「佐々木氏」と呼んで、あくまでも登場人物にしてしまいます。圧倒的な地位の差があったにしても、喜善にとって大きな抑圧だったのではないかと感じられます。

四　都市伝説になったザシキワラシ

『遠野物語』は東京時代の産物ですが、帰省した後の遠野時代に移っていきたいと思います。喜善の新しさということに触れる意味で、大正九年（一九二〇）の『奥州のザシキワラシの話』をあげます。これはザシキワラシ研究の古典的名著と言っていい一冊です。一番は「子供の時の記憶」で、ザシキワラシの話を聞いた記憶を書いています。二番は「近頃耳で聞いた話」で、村の人々から聞いた話を書いています。三番は手紙を出して、ザシキワラシがいないかと東北一円から聞いたものです。つまり、記憶、聞き書き、報告という構造で、同心円状に広げながら集めようとしたわけです。小さな本ですけれども、この本からは喜善を中心に話の採集が広がっていく様子がよくわかります。

ザシキワラシは旧家にいる子供の神で、いる家は豊かだけれども、いなくなると没落します。けれども、喜善は、土淵村の尋常高等小学校に一時ザシキワラシが出るという評判があったという話を書いています（二三話）。これは学校に出たザシキワラシですから、いわゆる「学校の怪談」です。学校の怪談が始まるのはもっと新しい時期だと言われますが、遠野ではすでに語られていたのです。喜善は一時評判になっても、あっという間に忘れられてしまうような、生きた話を書き留めることに執着したのです。

諸方から学校を見に来たというのは、言わば「ザシキワラシ見物ツアー」です。怖いもの見たさもあるのでしょうが、すでにザシキワラシは娯楽化しています。運動場で遊んでいると見知らぬ子が交じっていたり、体操の時なども一つ余計な番号の声がしたりしたというのは、ザシキワラシ出現のパターンの一つです。しかし、それが見えるのは尋常一年生だけでした。「七歳までは神の子」と言いますが、一年生の子供というのは人間界のザシキワラシみたいなものでしょう。噂を聞いて、遠野町の小学校からも土淵まで見に行きますが、歩いて片道八キロはあるでしょう。見たのはやっぱり一年生の子供ばかりだったそうです。私もそうですが、この会場にいらっしゃる方はすべて見えません（笑い）。

「毎日のやうに出たといふことである。明治四十五年頃の話である」とします。これより早く、大正三年（一九一四）の『郷土研究』第二巻第六号の「ザシキワラシ」という報告では、明治四三年の夏七

遠野小学校（中央下）（鈴木吉十郎『遠野小誌』明治43年）

月の出来事としています。七月というのは『遠野物語』ができた翌月です。『遠野物語』は生きている話の記録であったことをよく示します。現在進行形ですから、その延長上に生まれる話がいくらでもあったはずです。遠野ではザシキワラシが生きていて、繰り返し語られてきたのです。

　このことを土淵小学校教員の高室という人に尋ねると、「知らぬ」と答えて、すっかり忘れていたそうです。「高室」は高室武八郎《たかむろぶはちろう》でしょう。喜善は「どうした事であらうか」と疑問に思います。自分は覚えているのに、忘れてしまう人間がいる、ここに伝承者の違いがあるのです。「口裂け女」ではありませんが、「流行神《はやりがみ》」のようなもので、こういう話はわっと盛り上がるけれども、消えやすい。その学校の人間ならば、ザシキワラシが出た話の証人になってもいいはずなのに、そういう人間がいません。そういう不確実性の中に、この話は置かれています。

あるいは、遠野町の小学校にザシキワラシが出たという話が出ています（二四話）。鍋倉山《なべくらやま》という昔の城跡の麓にある小学校で、城の御倉を校舎に使用していた時分の話です。城の御倉がそのまま小学校の校舎に使われたので、ザシキワラシが出たのです。ザシキワラシは座敷だけでなく、「蔵ボッコ」「蔵ワラシ」という名前があるとおり、財産に関わる倉にも出ます。朝の連続テレビ小説の「どんど晴れ」の場合も、老舗《しにせ》旅館の倉に出ました。ザシキワラシが倉に住むという古い民俗が、そのまま新しい学校という場につながっているのです。

これは「二十四五年も前の事であらうか」というのですから、明治二八、九年（一八九五、六）の出来事でしょう。毎晩九時頃になると、白い衣物を着た六、七歳の童子が玄関から入って教室の方へ行き、机・椅子の間を潜って楽しそうに遊んでいました。かぶきれ頭なので、ザシキワラシであったろうと思うと言います。いつか友人の伊藤という人から聞いたそうです。「伊藤」は歌人の伊藤栄一《いとうえいいち》でしょう。この話も『郷土研究』に見えます。

こうして学校に現れるザシキワラシというのは、もはや旧家に出るザシキワラシとは違います。古い民俗を探そうと考えているなら、こういう話はあまり意味がなく、むしろ邪魔でしょう。しかし、松谷《まつたに》みよ子《こ》さんのように「現代民話」と言えば、こういった話はとても重要になります。佐々木喜善は現代民話を生きた人でしたし、それを自ら書いた人でもあったのです。

こうして学校に出るザシキワラシは、富を左右するわけではありません。学校に出てきて、その学校の成績が上がるならば、ザシキワラシが欲しい学校が日本中にあるはずです。あるいは学校が儲《もう》かるなら、東京学芸大学に迎えて（笑い）、法人化の後の苦しい財政を補いたいと思います。しかし、決してそうはなりません。富を左右するという文脈から切れて、むしろ怖いもの見たさが重視され、「怪談」であることが強調されます。

学校という公共の場に出るということで言えば、まさに「都市伝説」でもあるわけです。遠野は南部家一万石の城下町で、町場を中心にして、その周囲に農村や山村が接する小盆地です。そういう場所ならば、日本で一番早く「学校の怪談」が生まれることも不思議ではありません。そういうところをちゃんと書いた喜善というのは、やっぱり「グリム以上だ」と思えるわけです。

五　昔話集に見るジェンダーの発見

その後、大正一一年（一九二二）の『江刺郡昔話』、昭和二年の『老媼夜譚』などの昔話集を出します。『江刺郡昔話』と『老媼夜譚』はとても対照的な昔話集です。『江刺郡昔話』は男性の語り手、『老媼夜譚』は女性の語り手が語ったものだからです。当時はジェンダーという言葉はありませんが、この二冊の昔話集を見ると、すでに佐々木喜善がそうした意識を持っていたことに気がつきます。

『江刺郡昔話』は、江刺郡の人首《ひとかべ》から遠野にやって来ていた浅倉利蔵《あさくらりぞう》という炭焼きから聞いた話です。炭焼きは漂泊民とは言えませんが、定住民でもありません。半漂泊、半定住のような人間です。鉱山に出す炭を焼きに来たのですから、遠野に訪れた近代化の動きが二人を出会わせたと言ってもいいでしょう。昔話集の刊行が『江刺郡昔話』から始まったことを見ても、喜善が狭い郷土意識で昔話を集めたわけではないことがわかります。むしろ、遠野だけでなく、常に周辺の地域へ広い関心を寄せていたと見なければなりません。

「はしがき」では、「是等《これら》の話は、何《いづ》れも皆口から耳に直接聞いた所謂《いはゆる》民間の譚《はなし》である」と述べ、「自分は蒐集者《しうしふしや》としての妙な潔癖から、此度だけは自分の耳で親しく聴いた話のみを収穫しようとした」と言っています。こうした物言いが必要なのは、多くの場合、文献から書き直すものであったという認識があるからでしょう。『江刺郡昔話』が「昔話」という言葉を採用して、民俗学的な方法で編まれた昔話集の先駆けになったのは、この徹底ぶりにあると言っていいでしょう。日本の昔話集はこの一冊から始まったのです。

浅倉利蔵という人は四〇歳ほどで、炭焼きを渡世として方々の山ばかり渉り住まっている人だと紹介しています。古老とまでは言えない年齢の語り手です。しかも「決して偽話や作り話はせぬ。実に天才的な誠実な質な人である」、「木を伐りながら鉛筆をとつて炭竈《すみがま》の本を書いて居る」とします。「誠実」というのは、『遠野物語』の序文で柳田が喜善を紹介した言葉ですが、今度は浅倉利蔵に使っているのです。人間だから法螺《ほら》を吹いたり、嘘をついたりするはずですが、「誠実」な人が語ったということで、この昔話集は信頼できるのです。これは単なる紹介ではなく、政治的な意味を帯びているように感じます。

半定住、半漂泊のように暮らす男性の語り手は文字を書くこともできるが、彼自身が昔話を書くことはなく、その口から語られた話を喜善は自分の耳で聞いて書いたのです。「真に斯《か》う言ふ人が全部土語で極めて質朴な而《そ》して自由な語で、ぽつぽつ語ったものであるから、読者も筆者とともに安心して読んで頂きたい」というのは、誠実な人が土語で語った話だから安心して読めるという論理です。「土語」とは土地の言葉です。喜善は「土語」「土俗」といった言葉がすごく好きです。こうした言葉は差別的だとか言って消えましたけれども、そうではありません。

この「はしがき」の最後では、「広い日本の中には実際どんな珍らしい宝玉が、どんなに多く土の中に埋没されて居るか、其《そ》れを掘り起さねばならぬと思ひます」と言ってます。「珍らしい宝玉」とは昔話のことです。昔話はつまらないものではなく、「宝玉」だというのが、彼の価値観です。採集者は金を掘るように、土の中に埋もれている宝玉を掘り出すのです。土は汚いものではなく、実に豊かなものでしょう。それを差別的だという名のもとに切り捨ててしまった感性の方が、ずっと貧弱なのではないかと思います。

この昔話集は男性の語り手だということもあってか、いわゆる性にまつわる話が入っています。それに対して、『老媼夜譚』は土淵村の辷石谷江《はねいしたにえ》という老婆から聞いた話をまとめています。この本の口絵には谷江が縁側に正装して座った写真が載っています。日本で初めて取られた語り手の写真です。喜善が柳田から借り受けた写真機で撮ったことが日記からわかります。『江刺郡昔話』もほとんど一人の語り手から聞いた話ですが、語り手に対する認識の深まりはずいぶん違います。

「自序」によれば、喜善は丸古立《まるこだち》に住む谷江のところに、大正一二年（一九二三）の冬五〇日間毎日のように通うわけです。丸古立は喜善の家のすぐ近所です。しかし、村人たちは、「今日もハア馴染婆様の処へ往《ゆ》くのしか」と言って笑ったのです。喜善が馴染婆様に通うという構図ですが、一人前の男性が昔話を聞きに行くことを、村人たちがどんなに冷ややかに見ていたかがわかります。そこには昔話を「珍らしい宝玉」と見るような感性はまったくありません。喜善の孤独は想像するに余りあります。

それは村人だけではありませんでした。熱心に通ってくる喜善に対して、他ならぬ谷江自身も面倒だと思っていたようです。ところが、しばらく経つと、「どうせおらが死ねば壇《だん》ノ端《はな》（村の墓地の在る所）さ持って行つたつて誰も聴いてくれ申さめから、おらの覚えて居るだけは父さんに話して残したい。父さんもどうじよ（何卒）倦《あ》きないで聴いてくなさい」と言ったというのです。熱心な喜善の慫慂《しょうよう》が谷江の心を動かして、谷江は自分の知っている話を積極的に残そうとしたのです。

辷石谷江（佐々木喜善『老媼夜譚』昭和2年）

浅倉利蔵の伝承経路は不明ですが、谷江は多くの話を女性から聞いたようです。「おらの祖母のお市といふ婆様はまだまだおらの三倍も四倍も話を知つてゐた」と言います。昔話を聞きに歩くとみんなそう言いますから、一つのパターンです。「おらは頭がええからさつぱり忘れてしまつた」（笑い）というのも同様で、遠野の人の口振りがよく残っています。ほかにも、ブドゾの婆様、シンニャのおみよ婆様、横崖《よこがけ》のさのせ婆様、そしてさっき出てきた大同のおひで婆様、みな女性から聞いた話です。そうした話をふところに溜めこんで、喜善に語り出したわけです。

全部で聞いた話は一七〇話ほどあり、その中には口碑や伝説も交じっていたそうです。交じるという認識自体、すでに喜善の中に「昔話中心主義」が生まれていることを示します。実は、『江刺郡昔話』は「昔話」と言いながら、昔話は三分の一で、「口碑」「民話」と三つに分けていました。「口碑」は今の伝説、「民話」は今の世間話に当たります。つまり、三つはなお対等だったのです。ところが、柳田国男の勧めもあって昔話が重要になってゆき、それは現在まで大きな影響を与えています。

また、谷江の話は「洗練」されず、「語句が重複したり語呂の拙劣であつたり」するのは、「蒐集者として正直である」ことを示すと言います。「正直」は前の「誠実」を継承した言葉と言っていいでしょう。『江刺郡昔話』では「土語」を強調しましたが、「婆様が好んで使つた語、ひじやうにとか感心してとか謂《い》ふ言葉も所々に入れて置いた」とします。「ひじやう（非常）」「感心」は漢語で、昔話にふさわしくない感じがしますが、語りの言葉がすでに変容していたのです。昔話は当時の日常語をよく反映したことを示します。

村人たちは冷笑しましたが、喜善が谷江のところに行って昔話を聞いていることが評判になると、話好きの連中が集まって話をしてくれました。冷ややかに見るだけでなく、村人の中には話の好きな人がいたのです。喜善が話を聞いて書き留めていると、「いや、こういう話もある」と語りはじめるわけです。「話の競演」です。聞き書きの場は、新しい語りの場を作ってしまったのです。書名は『老媼夜譚』ですが、一人の老婆に限定せず、喜善は語りの場まで書いてしまいます。

けれども、この昔話集は、やはり女性の語り手を前面に押し出した点で、重い意味を持ちます。そういう意味で、『江刺郡昔話』から『老媼夜譚』へ動いてゆく遠野時代は、充実していたと言えるはずです。語り手の漂泊と定住、男性と女性といったことを日本で初めて自覚したのも、喜善だったと思われます。しかし、決して遠野へ回帰するようなことはなく、自分の採集を広げていった時代だったはずです。喜善が遠野を離れることになるのは、こうした流れからすれば、極めて内在的な選択だったはずです。

六　確執から生まれた昔話発生観

やがて喜善は昭和四年に仙台へ出ます。村長として失敗したことが直接の原因でしたが、遠野では新しい学問や活動は展開できないという思いがあったにちがいありません。喜善の心の動きから見れば、仙台へ出ることは必然的だったように感じます。仙台時代は、『遠野物語』の話し手でもなく、昔話の採集者でもありません。第三の佐々木喜善が現れてくるはずです。もちろん、東北土俗講座のラジオ放送を企画したり、雑誌の『民間伝承』を発行したりしたことは、とても大きな実践だったと思います。

けれども、昭和六年（一九三一）に出した『聴耳草紙《ききみみぞうし》』がやはり大きいでしょう。すでに「昔話」を名乗っていませんから、昔話集と呼ぶのも厳密さを欠きます。「凡例」で、『江刺郡昔話』の当時から最近までの採集分を交えて、「寄せ集め」を作ったと言っています。実は調べてゆくと、もっと前からのものが入っていますが、本格的に昔話に取り組んだ『江刺郡昔話』以降の「寄せ集め」としたのです。

しかし、「寄せ集め」は謙遜にすぎず、資料の集積は喜善の人生そのものだったはずです。三〇三話を青森、秋田、岩手、宮城から集めたというのは、忍耐の成果以外の何物でもありません。『奥州のザシキワラシの話』と同じような集め方ですが、これはもう遠野という中心地を失っています。『聴耳草紙』は遠野を離れることで初めて獲得できた視野で、仙台へ出なければ生まれなかったと思われます。

『聴耳草紙』には柳田国男が「序」を寄せています。この「序」は読み方がとても難しいと思います。『遠野物語』には「むかしむかし」が二つ載っているが、いまだ採集の体裁をなさず、貴重な古い口頭記録の断片であることは後になってわかったと言います。『遠野物語』の時点では、昔話に対する認識も薄かったのです。柳田の中で伝説から昔話へと関心が動いてゆきますが、それをうながしたのは喜善の収集だったはずです。戦後になって、あんなに昔話に深入りするんじゃなかったと悔やむほどのめり込んだのです。

特に『江刺郡昔話』を記念の多い書物として評価し、ボサマと呼ばれる盲目の座頭がこういう文芸の形成に深く関わったことを述べます。そして、喜善のようにいつまでも飽きずに集める蒐集家が役に立ったという功績を認めます。そして、「佐々木君も初めは、多くの東北人のやうに、夢の多い鋭敏といふ程度迄感覚の発達した人として当然余り下品な部分を切り捨てたり、我意に従つて取捨を行つたりする傾向の見えた人であつた」と述べます。しかし、資料の価値判断に性急だったのは、柳田自身だったと思われます。

大正一五年（一九二六）の『紫波郡昔話』は、煙山《けむやま》村の小笠原謙吉が送った資料を書き直したものです。その中には小笠原が祖母から聞いた話の他に、小学生の作文が入っていました。柳田は原資料を見ていませんから、小学生の作文から書き直したものが含まれることは知りませんでした。柳田が喜善にあてた手紙の一通に『紫波郡昔話』の原稿から抜き取ったものが入っています。個々に理由が書かれていて、無内容な話や猥談を削除したことがわかります。取捨選択をしたのは柳田だったのです。

後に民俗学は「昔話」「伝説」「世間話」の枠組みを作りましたが、「昔話」に笑い話を入れた程度で、「怪談」や「猥談」は排除しました。そのようにして、「正しい民俗学」を作ろうとしたのです。しかし、喜善はそうした方向に違和感を抱いてきたのではないかと思います。柳田は、喜善が自分の性癖を抑えきって、将来の研究者のために客観の記録を残したと言いますが、最大の抑圧は柳田だったはずです。柳田は「将来の研究者」から喜善を排除し、あくまで「蒐集家」に留めたかったのでしょう。それは、採集は地方、研究は中央という構造を作ったはずです。

喜善はたぶん柳田の「序」を読んでから「凡例」を書いたはずですが、柳田に対する抗議を書いているように思われます。「話の中全然従来の所謂《いはゆる》昔噺と云ふ概念からは遠い、寧《むし》ろ伝説の部類に編入すべきもの、例へば諸々の神祠の縁起由来譚らしいものや、又簡単至極な話、例へば「土食ひ婆様」其他の話のやうな、単に或老人が土を食つて生きて居《を》つたと謂《い》ふやうなものも取つた」とあります。「土食ひ婆様」とは「一二七番　土喰婆」のことです。こういう「簡単至極な話」を入れてしまうのは、『聴耳草紙』がそれまでのような柳田の指導で作られた昔話集ではなかったからです。東京の三元社から菊判で出たこの本は、まさに「本邦最大の昔話集」（広告）だったわけです。

喜善がこうした話を入れたのは、「或一部の説話群の基礎根元をなした種子」であり、「これらの集合や組立てでもつて、一つの話が構成され且つ成長されたかのやうな暗示もあつた」からでした。柳田は神話が零落して昔話が生まれたと考えましたが、まったく違う昔話発生論を書いています。佐々木喜善は単なる昔話採集者ではなかったはずです。すばらしい採集者というのは、その前提に優れた研究がなければなりません。柳田は本ができてから「凡例」を読んで、大変腹を立てたはずです。仙台時代の喜善は、勇気をもって柳田から離れてゆきますが、それでよかったのではないかと思います。むしろ、問題は、私たちが柳田ばかりを見て、前を歩く喜善の姿を見ていなかったことにあるでしょう。

例えば、「九一番　狼と泣児」という話は、雨の降る夜、山の狼が腹が減って、大きな声で啼きながら山から下りて来ます。その時、百姓の家の子供が泣き出したので、母親は「お前がそんなに泣けば、あの狼にやつてしまふぞ」と言いました。狼の啼き声が恐ろしいのは、『遠野物語』で読んだとおりです。遠野では子供をおどす時、「六角牛《ロッコウシ》の猿の経立《フッタチ》が来るぞ」（四七話）とか、「油取りが来る」（拾遺二三四話）とか言いました。その一つに、「お前がそんなに泣けば、あの狼にやつてしまふぞ」もあったのでしょう。

その時、狼がその家の壁の外を通り、「これはよい事を聞いた、それぢや彼の子供を食へる」と思って喜んだ。すると家の中の子供の泣き声がばったりと止んで、母親が「あゝあゝこんなによい子を誰《たれ》が狼などに遣るものか」と言ったので、狼は落胆して行ってしまったそうです（笑い）。怖い話なのか、笑い話なのかわからないような話ですけれども、本当に短い話です。けれども、『遠野物語』と合わせてみると、大変リアリティーのある話だったことがわかります。

この話は、「九〇番　爺と婆の振舞」とともに、「紫波郡昔話を編む時に集つた資料を、余りに無内容だと思つてはぶいて置いた物である」と説明します。「余りに無内容だ」と言ったのは柳田であり、喜善も一旦はそう思ったのでしょうが、やはり違うと感じたのでしょう。「斯《か》う謂ふ物こそ昔話の原型を為《な》すものではあるまいかと思つたから採録して見た」と明言しています。「昔話の発生と謂ふものは一面に於いて斯うした断片的な単純なものから先づ成立つて段々と幾つも寄り集り永年かかつて一つの話になつたものであつたかと想像したのである。さう謂ふ観方からはこれは尊い種子であらう」というのは、「凡例」と見事に照応します。この二話はやはり小学生の作文を書き直したものでした。

「赤頭巾」の話を思い出すまでもなく、狼に食われることがリアリティーを持っていて、そういう感性から話が生まれてくるのです。しかし、そうした緊張感がなくなると、単なるおとぎ話になってしまいます。柳田国男は子供の作文から書き直したとは知りませんでしたが、子供の話を認めませんでした。子供は嘘をつくので、信用できないという考えがあったからです。しかし、喜善は子供の作文であっても、それが目の前にあれば尊重すべきだと考えていたのです。

七　すばらしい聞き耳の持ち主たち

この『聴耳草紙』の中に驚くような一節があって、やはりそれを紹介したいと思います。「一一四番鳥《とり》の譚《はなし》」には一四話が収められ、喜善が鳥の由来を語る話に注目していたことがわかります。その中に「夫鳥（其の六）」の話があります。夫鳥はコノハズクのことですが、「ヲツトウ、ヲツトウ」と鳴くので、この名前が付いたのです。

あるところに若い夫婦が居て、二人揃って奥山に蕨採りに行った。蕨を採っているうちに別れ別れになって姿を見失い、若い妻は泣き悲しんで、山中を「ヲツトウ（夫）ヲツトウ」と呼びながら歩いているうちに、とうとう死んで夫鳥になったというのです。人間が小鳥に変身するので、昔話研究では「小《こ》鳥前生譚《とりぜんしょうたん》」と呼んできました。

別の伝えでは、若い妻が見失った夫を探し歩いていたら、谷底で屍体《したい》を見つけて取り縋《すが》り、「ヲツトウ、ヲツトウ」と泣き悲しみながら夫鳥になったとなります。前者は夫を探せずに夫鳥になったのですが、これは夫の屍体に縋って夫鳥になったというのです。それで、夏の深山の中で「ヲツトウ、ヲツトウ」と鳴いているのだと言います。『遠野物語』の五一話では長者の男の子と長者の女の子の話になってますけれども、どちらかと言えば前者の伝えに近いものです。

驚いたのは、「齢寄達《トシヨリ》の話に拠ると、此鳥《コノ》が里辺近くへ来て啼くと、其年は凶作だと謂うて居る。平素《フダン》は余程の深山に住む鳥らしい」という記述です。後注には「（私の稚《いとけな》い記憶、祖母から聴いた話。）」とあり、先ほど触れた祖母ノヨから幼い時に聞いた話だったことを明言しています。ノヨは天保一三年の生まれで、この「齢寄達」の中に入っていたはずです。

ノヨに限らず、村の年寄りたちは、冷夏にはよくこんな話があちこちで語られたのでしょう。凶作になれば飢饉になり、そのために餓死するかもしれません。実際、年寄りたちは、しばしば凶作が起こって、死の恐怖に遭ってきたはずです。夫鳥の話は単なる話ではなく、生きていく知恵だったのです。「ヲッ トウ、ヲットウ」という鳴き声が里で聞こえたら、その年は凶作になるので、蕎麦《そば》を植えるなり、ドングリを用意するなりしておかなければいけないという生活感覚があったのです。

「彼の夫鳥になつた」と言いますから、喜善も「ヲットウ、ヲットウ」という鳴き声を聞いていたはずです。ところが、「平素は余程の深山に住む鳥らしい」と言います。「らしい」とあるように、喜善は山深いところで夫鳥の鳴き声を聞く経験はなかったのです。夫鳥という鳥との距離感がよく表されています。こうした距離感が出てくるのは、喜善の生まれが明治一九年で、年寄りたちが生きた時代とは決定的に違うからでしょう。天気予報は二年前の明治一七年（一八八四）から毎日出され、今年は冷夏になるかもしれないという情報は、天気予報として知ることになります。夫鳥の鳴き声よりは天気予報を重視するようになるのです。

「齢寄達の話によると」以下の記述は、実に大きい意味を持ちます。話としては知っているけれど、喜善自身の実感が薄れてゆくことをよく自覚しています。古い感性が新しい思考に取って代わり、予兆の言い伝え以上に科学的な知識を尊重する生き方が生まれているのです。この一節がなかったら、私たちはそういう感性の違いを知ることは困難でしょう。喜善という人はすごい書き手だなと思います。

土淵町でも奥にある恩徳《おんどく》に暮らした三浦徳蔵《みうらとくぞう》という人は、大正八年（一九一九）の生まれで、平成二〇年（二〇〇八）に亡くなりました。恩徳は標高が高くて米がとれませんので、雑穀や山の恵みを糧にして生きてきました。三浦さんは『遠野の野鳥』の最後に「野鳥の初鳴き調査」のデータをとっています。

その中にコノハズクもあって、昭和三六年（一九六一）から五三年（一九七八）まであります。初鳴きは二〇日くらい違います。三浦徳蔵という人は、夫鳥の鳴き声を聞く感性を持ちながら、初鳴きの記録をとるような科学的な思考で生活を見つめた人です。「最後の山の生き証人」と言ってよい人でしょう。

八 「アフリカ的段階」を生きた佐々木喜善

もう時間がないので話を終わりにしますけれども、今、『遠野奇談』という本の校正をしています。『遠野物語』の話し手自身が書いた物語の世界をまとめてみようと思っているのです。その中に『遠野物語』の思考の流れにあるような、いくつかの文章を入れました。単に『遠野物語』と一致するような話を集めるだけでなく、そうした感心がどのように伸びていったかを考えてみました。

おもしろい話の一つに、昭和七年（一九三二）から八年にかけて、郵便事業に関わって出された仙台の雑誌『逓友』（第一二八号～第一四〇号）に連載した「消印余録」という文章があります。そこで村の集配人をしていた源次郎というお爺さんの話を書いています。遠野郵便局開設を『遠野市史　第四巻』で調べると、明治五年（一八七二）であることがわかります。喜善が発表した当時、源次郎という人は七四、五歳になっていたようですけれども、兵隊上がりで、今さら百姓もやりたくないというので、郵便局の集配人になったという経歴の人です。この人の経験談を書いているわけです。

源次郎が仙人峠を配達に行くと、『遠野物語』にもあるように、仙人峠にはたくさん猿がいて、道行く人に戯れたり、石を投げつけたりします（14頁参照）。たくさんいるので、石を投げつけると、群がる猿

仙人峠の猿（遠野物語研究所提供）

に当たるほどです。一〇〇匹もいる恐ろしい猿が向かってくるので、「もう悪戯しない。石なんか投げて私が悪かった。これやるから許してくれ」と言って握り飯を置き、友達になろうとします。すると、猿の鳴き声は「キャッキャッ」ではなく、「ホウホウ」と変わったそうです。「ホウホウ」という喜びの声をあげて近づいてきて、それからは終始お土産の握り飯を請求されて困ったそうです。

源次郎は、何かの場合には、山猿でも報恩をしてくれることもないものではないと思って、毎朝一つ余計に握り飯を作って、仙人峠に持って行きました。そうしたら、ある大雪の年、猿が助けてくれたというのです。山は大変な雪で、尻餅をついて深い眠りに入ってしまい、夢から覚めたような気がして目を開いてみたら、周囲を一〇〇匹もの群れの猿が覆って暖めていたのです。親友のお陰で生命を救われたと思ったそうです。これは「猿の報恩」と名づけられるような話ですが、昔話を実際に生きるようです。喜善はこうしたところに昔話の発生を考えていたのかもしれません。

あるいは、源次郎は、「配達の途中で、蛇と猫が争った挙げ句死んでしまった」とか、「舞茸《まいたけ》を採りに山に入って、熊に襲われそうになったけれども、なんとか助かった」とか、そういう話を語っています。前者は「動物昔話」と呼んでいいような話になっていますし、後者は『遠野物語』に通じる話でしょう。こうして郵便の集配人から話を聞くということは、後の民俗学ではまず考えられません。集配人が村を移動しながら見聞きしたことを尊重すること自体、喜善が柔軟な思考を持っていた証拠と言っていいでしょう。

昭和八年に「御神立の話」(『三田評論』第四二八号)を発表しています。四月ですから、亡くなる直前です。満州事変に際して岩手県下に起こった社会現象で、昭和六年の暮れから七年にかけて、村々や家々の神たちが日本軍を守護するために満州へ御神立するという奇妙な流行がとんでもない勢いで村々を風靡したことを書いています。そうした出来事がまさに生まれている時を逃さず書いているのです。その現象は非常にパターン化していることについても触れています。

柳田国男や折口信夫は「神話」という言葉をなかなか使いませんでしたけれども、地方に神話が発生しているとまで述べています。今まさに神様が助けに行くという神話が次々に生まれていると見ているのです。やがてこういう現象が一つの話になるかもしれませんし、一方ではどんどん消えてゆくかもしれません。ザシキワラシや流行神のようですが、それを「神話」ととらえる視点は新鮮です。

しかし、こういうところにこそ民俗学の意義があるように思います。民俗学というのは目の前の現象を資料にするところから学問が始まります。民俗学はものすごく新しい学問だったはずです。神の戦ということなら、折口信夫の戦後の詩に、「神　やぶれたまふ」があることが思い浮かびます。人戦《ひといくさ》だけではなくて神戦《かみいくさ》で、神の敗北だったと言っています。宗教戦争だったことが実によくわかります。折口が神が敗れたと言っているのは、こういう「御神立の話」を念頭に置いて読めば、リアリティーを持っていたことがよくわかります。

最後に笑い話を一つして、締めくくりにしたいと思います。先日、私が仕事を終えて家に帰ってきたら、妻が「金スマ」という番組をおもしろそうに見ていました。アフリカのナイジェリア出身のボビー＝オロゴンというタレントが出てきて、「自分の故郷では牛と話ができる」と言うのです。牛と話ができるというのは、先ほどのオシラサマの馬と娘が結婚してしまう話を思い出します。『遠野物語』にある「猫の浄瑠璃」(拾遺一七四話)は猫が話しますが、先ほどの源次郎も猿と話ができるような人です。大同のおひでというのは、蛇を殺し、木に止まった鳥をまじないで落とすというのも思い出されます。

何が笑い話かというと、妻が番組を見ながらニコニコ笑って、「ボビー＝オロゴンって、アフリカの佐々木喜善じゃない」と言ったんです(笑い)。私はその通りだと思いました。つまり、『遠野物語』を読んでいれば、それは笑い話でもなく、吉本隆明《よしもとたかあき》が言うように「アフリカ的段階」なんだということでしょう。『遠野物語』とアフリカは、実はものすごく近い位相にあるということを考えてみる必要があるのではないか。遠野は、ヨーロッパ的な商工業を町場に作り、その周辺にアジア的な農耕を作り、その外側にアフリカ的な狩猟採集を作ってきたはずです。『遠野物語』には「アフリカ的段階」が確かにあると思います。それは遠野人の心の構造でもあると言ってもいいでしょう。佐々木喜善という人はそういう深みに入って行ったり出てきたりすることのできた人間なのではないのかと感じます（拍手）。

人類史の中の『遠野物語』

二〇〇九年八月二一日、遠野物語ゼミナール遠野会場総括講演

一　グローバル社会の中の『遠野物語』

高岡良樹《たかおかりようじゅ》さんのコンサートのアンコールの後に出てくるというのも、実に野暮な話ですが、遠野物語ゼミナールがこういう試みで、新しい光が当てられたのはたいへんよかったと思います。待ちきれずに始められた高岡さんの声と歌の力で、『遠野物語』が現代に蘇ってくる現場に立ち会えた感じがします。「遠野は祖先の声が聞こえる場所だ」とおっしゃいましたが、芸術家にとって、遠野はそういう意味を持つ場所なんだと実感するわけです。

その前には、佐藤誠輔《さとうせいゆう》さんのお話がありました。長く遠野の昔話伝承の指導をされてきて、佐々木喜善の伝統がよく遠野に根付いてきたと思います。ご紹介のあった『遠野今昔』は、宮守《みやもり》村にあった『山ひだに生きる』と一緒になったもので、老人クラブ発刊の冊子です。私はその熱心な愛読者です。それぞれの文章に書かれた人生の一齣は一人一人の「遠野物語」であって、遠野人はこうして生きてきたこ

とがわかります。ぜひお手にとっていただけたらと思います。

最近旅した所で、いいなと思ったのは長崎で、ここは町の人たちが自分の町に愛着を持っていますね。もちろん長崎というのは、出島《でじま》があって世界への窓口だったと同時に、原爆投下という負の経験を持った場所です。今、観光地にもなっているわけですけれども、長崎では一人一人が長崎市民であることの自覚が強い。これは遠野が長崎へ行って学んでくるべきことではないかと思いました。

今日は「人類史の中の『遠野物語』」という大きなタイトルを掲げてあります。この三年間、ゼミナールを東京と遠野の二会場で行ってきて、何らかの決着をつける、俗な言葉でいえば、落とし前をつけておいた方がいいかな（笑い）と思ったわけです。一七年間、『遠野物語』を考えてきて、何回か舵《かじ》を切ってきたわけですけれども、もう一回ぐらい大きな舵を切ってみたいと思います。そろそろ私の力も限界かなというところがありますので、どうやって舵を切ってゆくか、その方針をお話ししてみたいと思うのです。

「人類史」というのは人類の歴史ということですけれども、アフリカで誕生した人類がアフリカの地を出て、一方は東へ進み、また一方は西へ別れてゆきます。東へ来た人々はアラスカ海峡を越えて、北アメリカから、さらに南アメリカへと南下してゆきます。そういった人類の移動が遺伝子の研究から次第に明らかになってきています。

ユーラシア大陸の東の端にある島国日本の、この山間部にある遠野という場所が、そういう人類の歴史の中でどういう意味を持つのかということを、次の舵取りにしてみたいと考えているわけです。かつては遠野の経験も、東北から日本、日本から世界へと同心円状にゆるやかな広がりがあったと思います。けれども、この情報化社会、国際化社会というのは、その経験が非常に早くなったり近くなったりして、かつてとは違う形になっていると思います。

例えば、昨年（二〇〇八）の秋にアメリカで起こったサブプライム・ローンの破綻による経済危機は、アメリカだけでは済まず、この遠野も同じ危機の中で生きているわけです。冒頭、遠野物語研究所の高柳俊郎さんからお話がありましたように、メキシコで発生した新型インフルエンザも、あっという間に世界中に広がりました。

経済のみならず、病気までもグローバル化が進んでいる時代にあって、どうやって『遠野物語』を考えながら生きていくのか、改めて考えてみなければなりません。小さな作品ですけれども、この小さな作品はとてつもなく大きな世界を抱え込み、とてつもなく深い世界を持っているのではないかと思います。一七年考えてきても、まだその広さに手が届かない、深さに手が届かないという感じがあります。

この本は、明治四三年（一九一〇）に三五〇部が番号付きで発行されました。ここに持って来た復刻版には、扉のところに、「三百五十部ノ内　第一六六号」とありますが、「一六六」が筆で書かれています。実は、その扉を開くと、中央に「此書《この》を外国に在る人々に呈す」という一文があります。そして、序文、「題目」、本文に進んでゆきます。

今日のキーワードは、「此書を外国に在る人々に呈す」になります。柳田国男は、この『遠野物語』を外国にいる人々に差し出そうとしたのです。この一言に込められた柳田のメッセージは、こういう情報化、国際化社会と向き合う姿勢の表明だったと言ってもいいでしょう。もちろん状況はずいぶん違いますが、柳田にもそういう実感があったのではないかということを考えているわけです。今年は「『遠野物語』と昔話」が大きなテーマですので、昔話に焦点を当てながら、今日のお話を進めてみたいと思います。

二　『遠野物語』を読むことの意義

日本では、一〇〇年ほど前の『遠野物語』発刊を先駆けにして、各地に埋もれている昔話が採集されてきました。その仕事を最初にしたのが佐々木喜善で、金田一京助《きんだいちきょうすけ》は「日本のグリム」と呼んだと言われます。『遠野物語』や佐々木喜善を案内人にしながら進んできた結果、日本では六万とも言われる数の昔話が記録されました。『日本昔話通観』では一二一一という話型が数えられていて、この小さな島国の中に豊かな昔話があったことが明らかになりました。

五月に『『遠野物語』を読み解く』という本を出しましたので、今日はその続きの話をしなければなりません。最後には「広場としての『遠野物語』で、『遠野物語』はとても古い要素を抱えていながら、とても新しいと書きました。古くて新しいというのは一見矛盾するようですが、昔が今にあると言い換えてもいいでしょう。そういう『遠野物語』の話の仕組みは重要です。

遠野は、遠野三山に囲まれた、小さな美しい盆地です。この盆地は、閉じながら開かれている、開かれながら閉じている、そういう空間だと思います。そういう構造と『遠野物語』の世界は、とてもよく対応しているのではないかと感じます。それぞれの話は、ある所の、ある家の、一回的な出来事でありながら、ここにもある、あそこにもあるという類型性を持っています。一見矛盾するようなことが、『遠野物語』では微妙なバランスで生きています。

また、山の神・山人と平地人との間には猟師が介在していますし、この世とあの世をつなぐにはイタコが必要です。そういう仲立ちの人たちがこの作品では顕著です。しかし、猟師やイタコが仲立ちをしなくても、かつての遠野人は、直接あの世や山の神・山人と向き合って、そうした話を語る力を持っていたはずです。みんな猟師的だったし、みんなイタコ的だったと、私は深く思っているわけです。そういう力が失われていくときに、猟師やイタコなどさまざまな能力を持つ人たちが浮き上がってくるのでしょう。

思えば、この三年間、東京・遠野の両会場でゼミナールを実行してきたことも、『遠野物語』に内在する「交通」の問題と無関係でありません。このゼミナールは、遠野で学び、遠野を歩くだけではなく、柳田国男が「平地人を戦慄《せんりつ》せしめよ」と言った人たちに広く考えてもらいたいと思いました。そういう交通の中にしか『遠野物語』の未来はないと断言していいと思います。

その際に提言してきたのは、『遠野物語』を読むというのは、遠野にあった不思議で珍しい話を読むという異文化理解だけではなく、実は、『遠野物語』というのは私の問題だということでした。前に例を挙げたことで言えば、子供を殺してしまうとか、親を殺してしまうとかという事件も『遠野物語』の中に書かれていて、それは「負の遺産」だと言いました。そういったことは他人事ではなく、明日の私かもしれないという不安な中で私たちは暮らしています。

こういう現代社会を生きながらも、『遠野物語』を介在させることによって、眠っている記憶を呼び起こせるのではないかと考えたわけです。それは、レヴィ＝ストロースの言葉を借りれば、「野性の思考」と言ってもいいと思います。そうした記憶や思考は抑圧されているだけであって、心の一番深い底に存在するはずです。それは、遠野人だけでなく、東北人、日本人、さらには人類に通じる普遍的な問題ではないかと考えているのです。『遠野物語』を読む意義があるとすれば、究極的にはその一点に至り着くと言ってもいいでしょう。

吉本隆明《よしもとたかあき》という思想家は『共同幻想論』を書いて、八世紀に生まれた『古事記』よりも、二〇世紀の『遠野物語』の方が古いと考えています。それは、『遠野物語』が国家から距離があることに拠るのかもしれませんが、そういう作業仮説の中で『遠野物語』を考えてゆくのです。『共同幻想論』では、『遠野物語』にあるアジア的なものを掘り起こし、さらにアフリカ的なものへ進んでゆけるのではないかと考えていたように思います。

『遠野物語』を読むと、ヨーロッパ的な産業社会、アジア的な農耕社会、アフリカ的な狩猟社会の三層構造を取り出すことができます。それは、先に述べたような私たちの心の構造とも対応していると思います。遠野は近代的な都市でありながら、すぐ側に縄文的な暮らしがあって、『遠野物語』にはその間を行ったり来たりするような話がたくさんあります。今年、東京会場で宗教学者の山折哲雄《やまおりてつお》さんが、「いや、アフリカよりもっと古いんじゃないか」と言われましたけれども、そうかもしれません。そのためには、

『遠野物語』の古く深いところに入って行って引き出してくるような読む力が必要になると思います。

三　献辞の対外意識と石田英一郎の学問

前置きが長くなりましたけれども、「此書を外国に在る人々に呈す」という献辞をどう考えたらいいのかということをお話ししてゆきましょう。遠野に伝わる話をまとめたこの本を、なぜ外国にいる人々に読ませたいと思ったのか。この「外国に在る人々」というのは「外国のようになってしまっている日本にいる人たちだ」と考える説もあります。日本の社会が文明開化に伴って急速に変質したことはあるにしても、たぶんそれは違うと思います。そういう読み方をした途端に、『遠野物語』を日本の中へ閉じこめてしまうということを考えてみなければなりません。

『石神問答』広告（『読売新聞』明治43年５月28日）

『遠野物語』の一カ月前に『石神問答』ができたときにも、柳田は、「西洋の学者に手を下されると惜しいからちよいと先鞭《せんべん》を著《つ》けて置く」と『読売新聞』の広告で言っています。「外国に在る人々」は「西洋の学者」を想定していたのではないかと思われます。それがどの程度現実味を帯びていたかはともかく、西洋の学問を意識しながら、『石神問答』や『遠野物語』を出していると考えるべきでしょう。

昭和一〇年（一九三五）の『遠野物語　増補版』の「再版覚書」では、「其頃《そのころ》友人の西洋に行って居る者、又是《これ》から出かけようとして居る者が妙に多かつたので、其人たちに送らうと思つて、あの様な扉の文字を掲げた」と書いています。この解釈によれば、「外国に在る人々」は「洋行した日本人」ということですから、柳田の解釈も揺れ動いているような気がします。けれども、グローバル化が進む対外意識の中で、『遠野物語』を考えていたことはまちがいありません。この『遠野物語』が人類史の課題に向き合えるテクストとしてあることを、柳田自身が深く考えていたのではないかと思うわけです。

実は、『遠野物語』の本文は罫線を隔てて上に頭注があります。『定本柳田国男集』やその後の文庫本は各話の後注にしてしまいますので、その構造がわかりにくくなっています。一応、下は佐々木喜善の話だけれど、上は柳田自身が付けた注ということを明白にしています。この頭注には、柳田の意見がたくさん出ていることがわかります。

序文にも、「路傍に石塔の多きこと諸国其比《そのたぐい》を知らず」とあります。柳田は明治四二年（一九〇九）八月、初めて遠野を訪れて、日本中歩いてみたけれども、これだけ石塔が多い場所は他にないと思ったのです。ここにある視線は、遠野という場所を国内と比べて相対的に見ようとするものです。こうした思考は、頭注の随所に見つけることができます。

例えば、「糠前《ヌカノマヘ》」という地名について、「糠の前は糠の森の前に在る村なり糠の森は諸国の糠塚と同じ遠野郷にも糠森糠塚多くあり」という頭注があります。「諸国」「多くあり」は先の石塔の場合と同じ言葉です。遠野や『遠野物語』に出てくる信仰や地名を日本の国内と比べ、遠野が特別ではないことを明らかにします。

一番はっきりしているのは、例の「河童駒引《かっぱこまびき》」の話で、「此話などは類型全国に充満せり苟《いやし》くも河童のをるといふ国には必ず此話あり何の故にか」とあります（五八話）。語り部の語る「河童淵」は遠野だけの話ではなく、日本全国至る所にあるというのです。しかし、「何の故にか」というのは、その理由を問うものです。問いを立てることを重視した柳田らしい記述です。これは主体的な頭注で、そこに研究意識の萌芽が見られるのです。

それについて、大正三年（一九一四）に出した『山島民譚集《さんとうみんたんしゅう》（一）』で、これは馬を生《い》け贄《にえ》にする儀礼の行われた場所に生まれた伝説ではないかと言います。さらに人類学者の石田英一郎《いしだえいいちろう》は『河童駒引考』を著して、馬のみならず、牛を含めてユーラシア大陸に広く見られるタイプの話であることを指摘します。石田は人類学者として柳田の問いをさらに普遍的な問題として受け止め、自分の学説を構築してゆくのです。

語り部の語る「河童淵」は遠野固有の話ではなく、ユーラシア大陸と深くつながっていることになります。遠野人にしても観光客にしても、「河童淵」が世界と結ぶ通路になるというのは、遠野の固有性を否定することではなくて、とても大事なことです。これは、一回的でありながら類型的であり、閉じながら開いているということと深く関わります。

四　「色々の鳥」に見る動物と人間

もう少し気になっている話を取りあげてみます。『遠野物語』の「題目」で「色々の鳥」に分類する話が三話あります。佐々木喜善は昭和六年（一九三一）の『聴耳草紙《ききみみぞうし》』で「鳥《とり》の譚《はなし》」と呼び、昔話研究では「小鳥前生譚《ことりぜんしょうたん》」と呼んだ話です。小鳥が人間だったときの話で、人間が死んで変身して小鳥になります。

例えば、「オット鳥」の話があります。これは長者の娘と長者の男の子が山に行って遊んでいて、男の姿が見えなくなった。娘が夜になるまでオットーン、オットーンと呼びながら探したけれども、ついに探せず、そのままオット鳥になってしまったというのです（五一話）。

「馬追鳥《ウマオヒドリ》」の話は、やはり長者の奉公人が山へ馬を放しに行って、帰ろうとしたら一匹足りなかった。それで夜通しアーホー、アーホー、馬を追う声をたてて探している間に、鳥になってしまい、それで馬追鳥というのだというのです（五二話）。これは北東北によくある話です。

「郭公《クワッコウ》と時鳥《ホトヽギス》」の話があります（五三話）。郭公と時鳥は姉妹で、姉が芋を掘りに行って、自分は硬い所を食べ、妹に軟らかい所を与えた。やさしい姉だったわけです。ところが妹は、姉が食べるのはもっとうまいんじゃないかと疑って、庖丁《ほうちょう》で姉を殺して鳥になり、ガンコ、ガンコと啼いて飛び去った。それで郭公になったというのです。

「ガンコは方言にて堅い所と云ふことなり」という一文があります。これは方言の説明ですが、喜善がそのように語ったのでしょう。この鳴き声は、「私は硬い所を食べていたのに、それを知らないで、疑って殺すなんて」という姉の気持ちを表します。人間の食に対する欲望というのは根源的なもので、それが殺人につながるのです。「この芋は馬鈴薯のことなり」という頭注がありますが、誤りです。ホドコと呼ばれる自生の芋で、お八つにも食べたと聞きますが、飢饉の時の食でした。

妹は、ガンコ、ガンコという鳴き声で真実を知ります。もっと先にわかっていれば殺人にはならなかったのにと思いますが、昔話は容赦がありません。それで妹は悔恨に耐えずに鳥になって、「庖丁かけた」と嘆くわけです。それで時鳥になったというのです。この鳴き声は、「私は本当のことを知らないで、庖丁をかけて姉を殺してしまった」という妹の気持ちを表します。この話は妹が姉を殺し、自らも死ぬのですから、ずいぶん悲惨な話かもしれません。

この話の末尾には、「遠野にては時鳥のことを庖丁かけと呼ぶ。盛岡《モリオカ》辺にては時鳥はどちやへ飛んでたと啼《ナ》くと云ふ」とあります。遠野と盛岡はすぐ隣でも鳥の鳴き声の聞き方が違うことを意識しているのです。盛岡では「姉はどっちへ飛んでいったのか」と鳴くのですから、ややとぼけた感じもしますが、婉曲的な聞きなしになっています。『遠野物語』の中で、すでに比較が始まっているのです。こうした佐々木喜善の認識が膨らんでゆくと、北東北の昔話を集成する『聴耳草紙』になってゆくのでしょう。

昔話ということを厳密に考えると、『遠野物語』には、「昔々」と呼ばれる話は、一一七話と一一八話の二話しかありません。『遠野物語』はほんとうにあった「伝説」を聞いたものだからです。この「色々の鳥」の三話も昔話に数えますが、佐々木喜善は「昔」として語っても、昔話ではなく、鳥の伝説として意識していたと思われます。昔話と伝説の境界は曖昧で、『遠野物語』の話は事実に傾斜し、現実性のある話として語られたわけです。

五 「郭公と時鳥」の話を支えた飢饉の歴史

「郭公と時鳥」の話は、昔話研究者の関敬吾《せきけいご》の『日本昔話大成』では「時鳥と兄弟」と名づけられ、鹿児島から青森まで分布していることがわかります。全体的には兄弟の話が多いのですが、東北地方では『遠野物語』のような姉妹の話も見つかります。私も二〇代半ばに東北地方でずいぶん昔話を聞きましたが、この話はどこでも聞けました。研究者は珍しい昔話を探しますので、こうした誰でも知っている話は軽視してきたと言っていいでしょう。私もその頃は、なぜこんなに知っているんだろうという問いを立てることはできませんでした。

人々がこのような話を熱心に語り伝えた一端が、最近おぼろげながら見えてきました。来月、佐々木喜善の文章を編集して、『遠野奇談』という本を出しますけれど、その中に、大正八年(一九一九)の『中学生』第四年第一二号に掲載された「悲惨極まる餓死村の話」を載せました。これは、村の年寄りが語り伝えた天保年間(一八三〇〜一八四四)の飢饉の惨状です。喜善が生まれたのは明治一九年(一八八六)ですから、ずいぶん前のことです。でも、年寄りたちは、幼い時の自分自身の経験として飢饉の記憶を語っていたのです。飢饉があれば多くの餓死者が出るわけですから、これは生命に関わる情報だったはずです。近代になって、初めて飢えて死ぬことを克服できるようになったのです。

高柳俊郎さんが、「今年、虻《あぶ》が出ないし、梅雨が明けきらずに夏になってしまったので、気温が上がっていないのか」と話されました。今でも遠野人は天気予報だけでなく、そうした自然界の動きを敏感に感じながら生きているのです。しかし、だからといって、私たちは飢えて死んでしまうのではないかという危機感を抱くことはありません。食糧自給率が低いことが懸念されたりもしますが、それで生命の危機感を感じている人はいないはずです。

喜善は餓死の経験を聞いた最後の世代かと思われますが、天保年間の話に、人の腹を割いて食べた話があるので、びっくりしました。

ある村に十三ばかりになる子守り娘があった。主人の子供をおんぶして歩いているうちに、自分が飢《ひも》じさに堪えかねて、おんぶしている主人の子供をおろして、その腹を切り割って殺した。役人に訳を訊《たず》ねられると、「主人の子供は毎日いい飯《まま》を食っておるから、その飯《まま》が食いたさにそうしました」と泣く泣く答えたということである。

「ある村」の「子守り娘」となっていますが、こういう実話を語っていたのです。子守り娘が、主人の子供はおいしいものを食べているから、それを食べてみたいと思って腹を割いて殺してしまったのです。この話は殺人で捕まって、取り調べで役人に語った証言として伝えられたのでしょう。元は牢獄で語られた話だったと思われます。

あるいは、こんな話もあります。

あるところで、少年たちが二人行き逢った。一人は年上の子供であったが、他の子供にむかって、「お前は今朝ごはんを食べたのかえ」と問うた。「食べた」と一人は答えた。「そんならお湯を飲んだのか?」と、また重ねて問うた。「否《いや》、飲まない」と言うと、その少年は相手の子供を殺して腹を裂き割って、胃の中にある飯を取って食ったとのことである。

ちょっと信じがたい話です。しかし、腹を割いて飯を食べたという事件が語り継がれているのです。それを比喩的に語れば、「郭公と時鳥」の話になると思います。人々の飢えの経験というのが、こういった話を一つの寓話として語り伝えたのではないかと感じます。

喜善は、その後で、「(私たちはこの話をよく聞かされてから、こう言われた。「食後には必ずお湯を飲むものだ。お湯を飲まぬと食った物がそのまま腹の中に潰《くず》れずにおるから」と)」と書き添えています。今でも遠野では、「食後には必ずお湯を飲むものだ。お湯を飲まぬと食った物がそのまま腹の中に潰れずにおるから」と言うでしょうか。「お前は今朝御飯を食べたのかえ」「食べた」、「お湯を飲んだのか?」「否、飲まない」というやりとりが、殺害の前提になったわけです。この話は、「食後にお湯を飲まないと、殺されることがある」という戒めになります。

『増補改訂版遠野ことば』を見ると、「朝茶はその日の難をのがれる」ということわざ・警句があります。「健康上からも必ず朝茶は飲むものだとされていた」という注記があります。「されていた」と過去形になっているのは、そうした習慣がなくなってきたことを暗示します。前の話と合わせると、「その日の難」というのは具体的だったのでしょう。極端に言うと、「朝茶を飲まなければ、腹を割かれるかもしれない」ということになります。飢餓や羨望《せんぼう》の気持ちがこういう話を語り継がせてきたのではないかと思います。

実は、『日本昔話通観　研究篇1』を見ますと、中国の少数民族のミャオ族にもよく似た話があります。「兄が弟には魚の身を食べさせ、自分は頭ばかり食べていると、弟は頭のほうがうまいかと疑って兄を川へ突き落とす。頭を食べると骨しかなく、弟は「兄恋しや」と泣きつづけて兄恋い鳥になった」とあります。現在の研究では、「時鳥と兄弟」は、中国にもよくあると言われています。人々が東アジアでこんな話を伝えた理由を考えてみなければいけません。

六　中国から来た「オシラサマ」の話の位相

『遠野物語』の中の昔話でよく知られるのは、「オシラサマ」の話でしょう（六九話）。馬と娘が結婚したのを知って、父親が馬を桑の木につり下げて殺すと、娘が抱きついて泣くわけです。私も娘がいますけれど、馬との結婚を知ったら、当然そうするでしょうね（笑い）。それに激怒して、さらに斧《おの》で馬の首を落とすわけです。恋敵《こいがたき》ですからね、よくわかります。他人事ではありません（笑い）。

こういう話を小正月のオシラ祭りのときに、大同《だいどう》のおひでというお婆さんが語ったのです。現在の語り部の昔話では、その後、娘が両親の夢に現れて、先に死んで罪作りだけれども、その代償として養蚕の技術を教えたと語っていきます。しかし、六九話は、桑の木で三組のオシラサマを作ったことで結びます。

佐々木喜善は、昭和二年(一九二七)の『老媼夜譚《ろうおうやたん》』の「自序」で、一一、二歳の時、野火で焼けたあとの野原に布葉摘みに行って、摘み草を入れる籠を運ぶ役をしながら、おひでからこの話を聞いたと言っています。オシラ祭りの時だけでなく、農作業の折にも、春、この話を聞いているのです。そうした時ですから、夜に聞いたわけではありません。「昼間に昔話を語ると鍋が割れる」とか、「鼠に小便を掛けられる」ということわざがあって、昼昔《ひるむかし》を語るタブーがありますけれども、一方では、すでに喜善の頃から緩んでいたことがわかります。

アジアから見れば、この馬と娘の結婚の話としては、四世紀から五世紀にかけて東晋の干宝《かんぽう》が書いた『捜神記《そうしんき》』の中に「馬の恋」という話が出てきます。大昔、ある大官が遠方に出征し、家には娘が一人いて、他には誰もいなかった。娘は牡馬《おすうま》の世話を親身にしていたが、父親が恋しくてたまらなくなり、馬に向かって、「お前がお父様を迎えに行って連れ帰ってくることができたら、お前のお嫁さんになってあげるよ」と言います。すごい高飛車で、今で言えば上から目線の女性です(笑い)。

こうした要素は、『遠野物語』にはありません。『遠野物語』というのは、馬と娘の美しい愛情物語としてあり、語り部の昔話も同様です。しかし、中国の話では、馬に結婚のための難題を出すわけです。その話を聞いた馬は、手綱をちぎって走り去り、一目散に父親のいる所に行って連れてきます。

そうすると、娘は「家の恥になる」と言い、父親が馬を殺してしまいます。娘と馬との深い愛情を父親が引き裂くのではなく、家の体面が重視されています。馬はあくまでも畜生で、侮辱の対象にすぎません。馬の皮が娘を包んで昇天してしまい、蚕になるという話がつづいていきますけれども、同じ馬と娘の話でもずいぶん違います。

やがて、七世紀から一〇世紀に『神女伝』という本が書かれて、それにも受け継がれていきます。四世紀から一〇世紀にかけて、中国にはこういう話が伝わって、文献にも残されていたのです。それがいつ日本に来たのかがよくわかりません。元禄年間（一六八八〜一七〇四）に、儒学者であった林《はやし》羅山《らざん》が『怪談全書』の中にこの話を書き留めています。ほとんど中国の話の翻訳です。林羅山がこの話を「怪談」とするのは、佐々木喜善が遠野の話を「お化話」として語ったことにつながります。喜善には江戸時代以来の認識があったのです。

林羅山『怪談全書』（元禄11年）の挿絵

しかし、林羅山の翻訳がそのまま遠野の「オシラサマ」の話になったとは考えにくいと思います。すでに言われるように、修験《しゅげん》や巫女《みこ》などさまざまな漂泊の宗教芸能者が介在しながら、この遠野へ根付いたのだと思います。それにしても、曲り家の中で馬を大事にいつくしみながら生きてきた遠野人の生き方が、オシラサマの話に深く投影していると考えられます。オシラサマは中国原産の話であるにしても、それを受け入れる環境があって、これを語り継いできたのだと思うのです。

七　「池の端の石臼」と『グリム童話集』の関係

また、「池《いけ》の端《はた》の石臼《いしうす》」の話があります（二七話）。池端《いけはた》家は一日市《ひといち》にある精米所で、奥に石臼大明神を祀ってますので、お声をかければ見せていただくこともできると思います。

先代の主人が閉伊川《へいがわ》の原台《はらだい》の淵《ふち》を通ったとき、若い娘が手紙を託して、「遠野の町の後ろにある物見山の中腹の沼に行って手を叩《たた》いたら、あて名の人が出てくるだろう」と言った。道中、行き会った回国修行の六部《ろくぶ》が手紙を開いて見ると、「これを持って行ったら、あなたの身の上に大きな禍《わざわい》があるので、書き替えてやろう」と言います。大きな禍は具体的には示されていませんが、他の話から見ると、あなたは殺されるということでしょう。

主人が手紙を持って沼に行って手を叩くと、若い女が出てきて、「お礼だ」と言って、小さな石臼をくれた。手紙を書き替えることによって、この人の人生ががらっと変わったわけです。もらった石臼に米を一粒入れて回すと黄金が出てきます。妻が欲深くて、一度にたくさん入れて回すと、石臼がどんどん回って小さな水溜まりの中に消えてしまったというのです。石臼がなくなった謂《い》われですけれども、それでこの家の名前を池の端と言うようになったと結びます。

　柳田国男は頭注で、「此話に似たる物語西洋にもあり遇合にや」というのです。遠野にあるこの話が西洋にもあるのは偶然一致なのだろうかというのです。佐々木喜善も気になったようで、『聴耳草紙』の「九番　黄金の臼」「一〇番　尽《つ》きぬ銭緡《ぜにさし》」「一二番　兄弟淵」「一三番　上下の河童」で、岩手県に伝わる同じような話を集めています。やがて柳田国男は『日本昔話名彙』で「水の神の文使い」と呼び、関敬吾は『日本昔話大成』で「沼神の手紙」と呼びました。関は、中国の『捜神記』まで遡り得るとし、日本では西日本には極めて少なく、東北地方に多いと指摘しています。それは「オシラサマ」の話とも通じることです。

池端家の石臼神社

　関が整理したように、水の神から与えられる呪宝は、臼、独楽《こま》、尽きぬ財布、子犬、黄金の馬などいろいろです。ただし、遠野あたりではみな石臼になっています。金属民俗学を提唱した内藤正敏《ないとうまさとし》さんは、金鉱石を石臼で砕いたことが反映しているのだろうと推測していますが、たぶんその通りだろうと思います。

　この話は途中で手紙を書き替えるかどう

かで、タイプを分ける場合があります。『日本昔話通観　研究篇1』では、「水の神の文使い―書き替え型」の参考話として、インドネシア、タイ、ネパール、インド、スリランカ、アフガニスタン、シベリアの事例を拾っています。そっくり同じではありませんけれども、手紙を書き替える話がアジアに広く分布することがわかります。

柳田が「此話に似たる物語西洋にもあり」と言ったとき、念頭に置いていたと思われるのは、『グリム童話集』の「二九　金の髪の毛が三本ある鬼」だったと思います。王様が「生まれた子供が王様のお姫様をお嫁さんにする」という占いを聞き、その子供をもらい受けて川に捨てます。箱は流れて行って、子供は粉挽きの夫婦に拾われます。後に王様は子供が成長した若者に、「この若者を殺せ」と書いた手紙を妃の所に持って行かせます。若者が途中で泥棒の屋敷に入り込むと、親分がその手紙を「王女と結婚させよ」と書き替えます。この手紙によって運命ががらっと変わって、若者はお姫様と結婚するのです。これが前半です。柳田が認識していたのはこの話だろうと思います。

また、『旧約聖書』の中にもウリアに託した手紙を書き替えるという話がありますから、『グリム童話集』だけではなく、『旧約聖書』も念頭に置いていたことも考える必要があります。人類の移動で言えば、中央アジアから東アジアへ動いた話があり、一方では『旧約聖書』から『グリム童話集』へ動いた話があったと言えるかもしれません。その結果、『遠野物語』と『グリム童話集』は、手紙の書き替えによって幸せを手に入れる話がある点で、よく似ていることになったのです。

一方、柳田国男は泉鏡花《いずみきようか》との論争の中で、明治四四年（一九一一）に「己が命の早使」を『新小説』

第一六年第一二巻に発表して、日本のみならず、中国にもそういう話があることを挙げます。ただし、ここで挙げるのは『日本昔話通観　研究篇1』の「水の神の文使い—授福型」に相当します。この型は中国と日本に存在します。しかし、『グリム童話集』を取り上げて、西洋の昔話との関係を追究することはありませんでした。慎重な判断と言えなくもありませんが、そうした所に踏み込まなかったことは、やはり注意していいことでしょう。

西洋との比較に踏み込んでいかなかったということで申し上げれば、「粟福米福《あわぶくこめぶく》」の話を挙げねばなりません。『遠野物語』ではこうなっています。

一一八　紅皿欠皿《ベニザラカケザラ》の話も遠野郷に行《オコナ》はる。只《タダ》欠皿の方はその名をヌカボと云ふ。ヌカボは空穂《ウツボ》のことなり。継母《マヽハヽ》に悪《ニク》まれたれど神の恵《メグミ》ありて、終に長者の妻になると云ふ話なり。エピソードには色々の美しき絵様《エヤウ》あり。折あらば詳しく書記すべし。

「折あらば詳しく書記すべし」としますが、ある意味ではお茶を濁してしまいます。後回しにしてしまったのは、先の「水の神の文使い」の場合と同じです。これは『遠野物語』の限界と言っていいでしょう。もし「紅皿欠皿の話」、つまり、一般に「粟福米福」と呼ぶ話を書いていたら、日本にある「シンデレラ」の話が明らかになっていったはずです。『遠野物語』の国際的な視野をもっと明確に提示できたにちがいありません。しかし、そのように進まなかったのは、その後の柳田の学問とも深く関わります。「一国民俗学」への舵取りは、『遠野物語』からすでに始まっていたと言っていいかもしれません。

一方、佐々木喜善は大正一五年（一九二六）の『紫波郡昔話《しわぐんむかしばなし》』の中で、「（八）糠福に米福」「（七三）糠袋朱皿」の話を書いています。金田一京助《きんだいちきょうすけ》は昭和九年（一九三四）の『北の人』に入った「我が国の昔噺《むかしばなし》に就いて」で、佐々木喜善の採集でシンデレラの話が日本にあることを示した点を高く評価しています。そこには、柳田国男と金田一京助の間に横たわる深い溝が見えるような気がします。改めて、「此書を外国に在る人々に呈す」と言いながら抱え込んでしまった矛盾を考えてみる必要があります。

八　『なぞとことわざ』に見る言語芸術発生論

柳田国男の視点という問題を考えるにあたって、少し話が移りますが、昭和二七年（一九五二）の『なぞとことわざ』を取り上げてみたいと思います。これは「中学生全集」という子供向けに出されたシリーズに書いたものです。なぞやことわざという原初的な言語芸術が、子供にとってとても重要だということを述べています。その冒頭の「小学校の朝」は、こんな一節から始まります。

私の村の小学校では、冬の寒いときでも火というものはなかった。学校の窓は、大きな生徒の頭よりもすこし高かったが、みんなはその外のかべの前にならんで、日なたぼっこをして暖まっていたのであった。いつでも遠い村から来る者が、かえって私たちが行ってみると、もうずらりとそこにならんでいた。そうしてこういう子供たちのほうが、あたらしい話はたくさんに持ってきたのである。

柳田国男の時代、すでに小学校が新しい話の交換される場所になっています。囲炉裏端で大人が子供に語るだけでなく、学校では子供同士が語り合うのです。近代教育の普及に伴って衰えたのは、覚えておく力でしょう。教育によって文字を覚え、書いておけば何とかなるという信仰が生まれましたが、書いた事柄はまったく「生きる力」にはなりません。津波が来そうになったときに、本を開く余裕はないからです（笑い）。生きるために覚えておくことはとても重要で、命を左右することさえあります。現在の教育はそこのところを勘違いしています。

Kidd, Dudley『The essential Kafir』（London, 1904）

おもしろいのは「なぞのおこり」の次のような一節です。

いつか私はアフリカのカフィルという土人のあいだを旅行した人の紀行を読んだことがあるが、その多くの写真のなかに「なぞなぞの出る時刻」というのが、おもしろかったのでよく覚えている。これは部落のなかの年とったものばかりで、よく日のあたる丘のかげのようなところに、立ったりしゃがんだり、ころんだりして、笑い顔で話をしているのが写されていた。

これは佐藤智子さんが見つけた成果があります。この写真（143頁参照）の説明には、冬の日の出のすぐ後に家畜小屋から出たところで、このような時になぞなぞをするということが書かれています。

柳田は、幼い時に小学校の日向で子供たちが話を交わしたことと、アフリカの家畜小屋の外に出て日に当たりながらなぞなぞをすることを重ね合わせているのです。柳田国男もアフリカの人々も同じように日向ぼっこをしながら言語芸術を楽しんでいたのです。そこには、日向と言語芸術との普遍的なつながりが示唆されているように思います。

今日のお話の冒頭で、レヴィ＝ストロースの「野性の思考」や吉本隆明の「アフリカ的段階」について触れました。柳田国男の文章を読むと、ついつい「一国民俗学」で、日本のことばっかり言っているように思い込んでしまいます。しかし、今の文章を見ても、一方で、「野生の思考」や「アフリカ的段階」に触れながら、言語芸術を考えていることをもう少し考えてもいいと思います。

なぞなぞやことわざは言語芸術の段階とすれば、最も原初的なものであると思います。伝説や昔話は、もうちょっと発達した段階で生まれたものだろうと思います。そうしたことからすれば、この『なぞとことわざ』は中学生向きの文章でありながら、同時に柳田国男の言語芸術発生論として読むこともできるはずです。

九　『遠野物語』の翻訳と国際研究フォーラム

最後に、一言だけお話ししてまとめにしたいと思います。

今度の『『遠野物語』を読み解く』の最後にも書いたのですが、『遠野物語』を現代と厳しく向き合わせたいと考えています。一〇〇年近く前の世界ですから、ある距離があるかもしれませんが、教育、病気、経済、生命などと出会わせる実験の中に置いてみるのです。それによって、かつての人が育んできた「生きる知恵」を『遠野物語』から引き出すような読み方ができないものかと考えているわけです。それには、やはり『遠野物語』を読むための力が必要です。

遠野では観光が文化を刺激してきましたが、『遠野物語』にしても昔話にしても、それを支えるのが研究と継承であることは言うまでもありません。遠野人には何度かお話ししてきましたし、今日見えている外から方々にお話ししたいのは、『遠野物語』はものすごく大事なものだと、本当に心の底から認識しているかどうかということです。お金では買えないほど大事なものだという、今の経済的な価値観を顛倒させるくらいの思いがあるかどうかが問われると思います。薄っぺらな思いだけでは、これは商売じゃないかということになり、鈴木サツさんが、「ホラ話語って銭もらって」と揶揄《やゆ》されたところに戻ってしまいます。

こうした議論を広く進めてゆくためにも、やはり「此書を外国に在る人々に呈す」という一文を大切にしたいのです。今年は、東京会場・遠野会場に続いて、一一月には京都大学で「『遠野物語』と古典」

というシンポジウムが開かれます。おそらく京都で『遠野物語』が正面から議論されるのは、これが初めてになるはずです。日本の中でも西日本の文化と東日本の文化はやはり異質です。そうした異質な出会いからしか新しいものは生まれないように思います。

『遠野物語』の翻訳としては、戸田閑男《とだしずお》さんやロナルド＝モースさんの英訳がありますし、金容儀《キムヨンウイ》さんのハングル語訳も出て、今、中国語訳の準備も始まっています。今日は大阪から王蘭《おうらん》さんが見えていますが、熱心に周作人と『遠野物語』の研究をされています。すでに『遠野物語』の国際的な研究はずいぶん進んできた感じがします。「人類史の中の『遠野物語』」という問いも、そういう中で考えていかなければならない課題になっています。

この一一月の遠野昔話ゼミナールには、韓国から金容儀さんが来て、日本と韓国の「瘤取《こぶと》り爺《じじい》」の話をしてくれます。一二月には、私の勤務する東京学芸大学に崔仁鶴《チェインハク》先生をお招きして、「日韓昔話の比較研究」の講演をお願いしています。『遠野物語』を国際研究フォーラムの場へ引き出してみることは、もう十分可能でしょう。高柳さんとは、「今度、韓国で『遠野物語』の議論をしたいですね」と話しています。数年前であったら、夢のような話でしたけれども、ソウルや北京での開催もまもなくでしょう。グローバル社会の中で『遠野物語』の価値を考えてみることが、本当に必要な時代に来ているように思います。今日のお話はこれで終わりにします（拍手）。

「声」の発見——柳田国男と『遠野物語』

一 文語体による「物語」の創造

柳田国男を「声」という問題から考えようとするとき、やはり明治四三年（一九一〇）六月に発刊された『遠野物語』を無視することはできません。柳田は多くの著書を著しましたが、遠野出身の佐々木喜善から聞いた話をまとめたこの作品は、唯一の聞き書きでした。柳田が『口承文芸大意』で、「口承文芸」という概念を提出したのは、昭和七年（一九三二）四月のことですが、その出発点に位置する作品と見ることに不都合はないでしょう。幸い、『遠野物語』には、草稿本・清書本・初校本などが残っています。今、それらを使って、刻印された「声」に対する認識を探ってみたいと思います。

広く知られているように、『遠野物語』は擬古的な文語体で書かれていて、研ぎすまされた名文として高い評価を得ています。しかし、日本の文体史を考えてみるとき、小説の文体はすでに明治二〇年代には口語体に移行しています。もちろん、すべての文章が一斉に口語体に移行したわけではありませんが、文壇に精通していた柳田がそれを自覚していなかったはずはありません。『遠野物語』は小説ではありませんが、時代の趨勢から逆行するようにして、文語体を選択したことは間違いないと思われます。

序文では、その後に記された一一九話の「物語」について、「目前の出来事」「現在の事実」であると主張しています。序文が書かれたのは清書本の段階ですので、発刊直前でしたが、現在残る草稿本と比較しても、文体に大きな変更は見出だせません。草稿本の段階で早くも文語体を選択していたことになりますが、そこにはすでに序文の主張が潜在していたと見ていいでしょう。そうであるならば、「目前の出来事」「現在の事実」を構築するための方法として、文語体の選択があったはずです。

例えば三話は、佐々木嘉兵衛が山奥で遭った美女を銃で撃ち、その黒髪を切って持ってくる際に、山男に取り返された、という話です。助動詞に傍線を引きながら、その冒頭を引用してみましょう。

三　山々の奥には山人住めり。栃内《トチナイ》村和野《ワノ》の佐々木嘉兵衛と云《イ》ふ人は今も七十余にて生存せり。此翁《コノ》若かりし頃猟をして山奥に入りしに、遥かなる岩の上に美しき女一人ありて、長き髪を梳《クシケヅ》りて居たり。（後略）

ここには、文語の助動詞として、存続の「り」「たり」と過去の「き」が見つかります。これらの助動詞の多用はこの話に限らず、この作品全体を貫く現象として確認できます。この「山人住めり」「今も七十余にて生存せり」という存続の助動詞が、「目前の出来事」「現在の事実」という主張を支えていることは言うまでもありません。

また、「此翁若かりし頃猟をして山奥に入りしに」の「き」は、佐々木嘉兵衛が体験した確かな過去を客観的に表しますが、単なる過去では終わりません。続く「長き髪を梳りて居たり」という存続の助動詞への展開は、嘉兵衛が過去に体験した「目前」「現在」として語られてゆくのです。嘉兵衛の視線に添って読み進めてゆく読者は、山奥で起こった「目前の出来事」「現在の事実」の現場に立ち会うことになるはずです。

実は、文語体が重要なのは、こうした助動詞の機能にあったのではないかと思われます。助動詞に導かれて、読者は登場人物と同化して、「目前の出来事」「現在の事実」を示す現場に入ってゆくことができるからです。ただし、三話には「耐へ難く睡眠を催しければ」に過去の「けり」が現れます。これは、嘉兵衛が睡眠幻覚の状態にあったことを見事に表しています。しかし、この作品には過去の「けり」はほとんど見られず、存続の「り」「たり」と過去の「き」が交錯する文体が基調になっています。

こうした『遠野物語』の文語体は、単なる擬古文の模倣ではなく、それまでにない文体の創造だったと言えましょう。柳田自身にしても、文体を模索していた段階の実験の一つだったにちがいありません。それは古代以来の「物語」の伝統に則りながら、まったく新しい近代の「物語」の創造だったのです。しかし、同じような作品が書かれることはついになく、『遠野物語』はそのまま孤立してしまいました。口承文芸研究の出発点とされながら、口承文芸史に位置づけることが困難なのは、そうした状況と密接な関係があるはずです。

二　裏書きに残された聞き書きの「声」

柳田が佐々木から聞き書きを行ったメモは、手帳かノートに書かれていたと思われますが、発見されていません。現在残る草稿本は最も早い段階の資料ですが、その内容から見て、聞き書きを行った現場のノートではありません。草稿本以前の段階を示す資料として唯一残るのは、「早稲田大学出版部」の原稿用紙の裏に書かれた鉛筆書き一枚しかありません。それは草稿本末尾が「百九、」の番号で空白になった後に続く内容です。これは初版本の一一六話の末尾から一一八話に相当していますので、この前にもう一枚があったはずです。

今、一一七話の冒頭に相当する箇所を引用してみましょう。

○コレモアル所ニ「トヽ」ト「ガヽ」ト娘ノ嫁ニ行ク支度ヲ買ヒニ町ニ行キ戸ヲ閉シテ「誰カ来テモアケルナヨ」「ハ」トイヒテ出テタリ昼頃山ハヽ来テ娘ヲ取テ食ヒ娘ノ皮ヲカフリ娘ニナリニ《(ママ)》ヲル夕方二人ノ帰リ来テ「オリコヒメコ居タカ」トイヘハ「ア、ヰタマス、ハヤカツタナモシ」ト答ヘ二親ハ支度ノヨキ衣ヲカヒテ娘ヲヨロコハセタリ

漢字片仮名交じりの表記を用いて、すでに文語体を採用して書いていることに気がつきます。柳田は

後に、佐々木の話は訛《なま》りが強く、聞き取りにくかったと回想していますが、この聞き書きはそうした痕跡もないほどに純化されています。これは昔話ですから、全体を方言で語った可能性が高く、この文章が佐々木の語った話そのものでないことは明白でしょう。その内容はともかく、佐々木の「声」を抹殺することで、文語体化を図ったことは明白です。

だが、この裏書きは佐々木の「声」のすべてを抹殺したわけではありません。「トヽ」「ガヽ」は父母を意味する言葉であり、「誰ガ来テモアケルナヨ」「ハ」と「オリコヒメコ居タカ」「ア、ヰタマス、ハヤカツタナモシ」は父母とオリコヒメコの会話であり、どれも方言で書かれています。全体は漢字片仮名で表記されていますが、括弧で括られた箇所は、佐々木の語った言葉を残していたことになります。括弧は佐々木の「声」を残したことを示す記号だったのです。

初版本で、一一七話の冒頭を引用してみましょう。その際に、裏書きと異なる箇所には傍線を引いておきました。

一一七 昔々これもある所にトヽとガヾと、娘の嫁に行く支度を買ひに町へ出で行くとて戸を鎖《トザ》し、誰が来ても明けるなよ、はアと答へたれば出でたり。昼の頃ヤマハヽ来りて娘を取りて食ひ、娘の皮を被《カブ》り娘になりて居《ヲ》る。夕方二人の親帰りて、おりこひめこ居たかと門の口より呼べば、あ、ゐたます、早かつたなしと答へ、二親は買ひ来たりし色々の支度の物を見せて娘の悦ぶ顔を見たり。

新たに「昔々」という昔話の冒頭句が付けられただけでなく、裏書きに記された筋書きをより正確に書き改めていることに気がつきます。ここにも、三話の冒頭部に見えた存続の「たり」と過去の「き」を見つけることができます。これは昔話なので、語り部が語る「……たずもな」を翻訳した「けり」が使われるべきところですが、それは見られません。柳田には、おそらく伝説と昔話を書き分ける意識がなかったのでしょう。

だが、一方ですぐに気がつくように、裏書きで括弧に括られていた箇所を見ると、括弧は取れたものの、「トヽ」「ガヾ」にしても、「誰が来ても明けるなよ」「はア」、「おりこひめこ居たか」「あ、ゐたます、早かつたなし」にしても、ほとんど異同がありません。裏書きでは括弧のなかった「山ハヽ」が「ヤマハヽ」と片仮名表記になっていて、方言であったことが浮かびあがります。方言で書いていた言葉や会話文は、裏書きがそのまま生かされているのです。

『遠野物語』は文語体を採用して、誰にでも読みやすい共通語化を図りました。やや古風な共通語でしたが、それは日本列島の古層に残る「物語」を表すにふさわしい文体だったはずです。だが一方で、これは「遠野」に固有の「物語」でなければなりませんでした。その際に方言を採用することで、文語体では消えてしまう「遠野」の「声」を残すことができたのです。この作品が「遠野物語」と命名されたのには、深い理由があったと見なければなりません。

三　『遠野物語』に残された方言の位相

しかし、『遠野物語』の会話文はやはり共通語が中心で、一一七話と同様に会話文に方言を残した箇所は多くありません。だが、例えば、猟師が山中で長者の娘に遭ったという六話は、こうなっています。会話文に傍線を引いて引用してみます。

六　遠野郷にては豪農のことを今でも長者と云ふ。青笹村大字糠前《ヌカノマヘ》の長者の娘、ふと物に取り隠されて年久しくなりしに、同じ村の何某と云ふ猟師、或日山に入りて一人の女に遭ふ。怖ろしくなりて之を撃たんとせしに、何をぢでは無いか、ぶつなと云ふ。驚きてよく見ればかの長者がまな娘なり。何故にこんな処に居るぞと問へば、或る物に取られて今は其妻となれり。子もあまた生《ウ》みたれど、すべて夫《ヲット》が食ひ尽して一人此の如く在り。おのれは此地に一生涯を送ることなるべし。人にも言ふな。御身も危ふければ疾《ト》く帰れと云ふまゝに、其在所をも問ひ明らめずして遁げ還れりと云ふ。

猟師が女を撃とうと思ったときに、女は「何をぢでは無いか、ぶつな」と言いました。この言葉は口語体ですが、共通語ではありません。まさに遠野の方言で書かれていて、緊迫感のある場面には、登場人物の「声」が生で残ったことになります。留場《とめば》栄《さかえ》の『むらことば事典』にも、上巻に「おず（おんず）〔叔父〕」、下巻に「ぶっ〔打つ〕」が見つかります。「何をぢ」は実際には名前を言ったと思われますが、喜善が忘れたのか、柳田が聞きただささなかったのかして、固有名詞は出てきません。これは、猟師の名前が「何某」となって、はっきりわかっていないことと対応しています。だが、こうした会話にも、ある意味で生の「声」が残っていることになります。

しかし、一方では、「何故にこんな処に居るぞ」や、「或る物に取られて今は其妻となれり。子もあまた生みたれど、すべて夫が食ひ尽して一人此の如く在り。おのれは此地に一生涯を送ることとなるべし。人にも言ふな。御身も危ふければ疾く帰れ」は、文語体そのままで、地の文と差がありません。実は、『遠野物語』の会話文はこうした文体の方が遥かに多く、基本的には地の文も会話文も共通語である文語体で貫かれています。先の一一七話に方言の会話がよく残ったのは、それが昔話であることと無関係ではないでしょう。

ただし、単語ならば、方言はある程度見つけることができます。先の一一七話の「ト丶」「ガヾ」「ヤマハ丶」は片仮名表記になっていました。同様の表記を拾うと、一一話の「ガガ」、四二話の「ワツポロ」、四六話の「オキ」、五〇話の「カツコ花」、五一話の「オツト鳥」、五二話の「クツゴコ」、五三話の「ガンコ」、五四話の「ハタシ」、六三話の「カド」「ケセネギツ」「ケセネ」「マヨヒガ」、七九話の「ヨバヒト」、一〇九話の「ホラ」、一一一話の「ハカダチ」「ハカアガリ」、一一五話の「ヤマハ丶」、一一六話の「ト丶」「ガ丶」「ヤマハ丶」「コレデドンドハレ」などが見つかります。これらはみな、『むらことば事典』にも載っている方言です。

だが、片仮名表記でなくても、遠野の方言ではないかと思われる言葉が見つかります。例えば、六話に「遠野郷にては豪農のことを今でも長者と云ふ」とあるが、これは「長者」が豪農を意味する方言であることを説明したものに他なりません。豪農の意味で「長者」と言うのは遠野独特の方言とは見なさなかったのか、片仮名表記にしていません。しかし、「長者」は方言と見ていい言葉ではないかと思われます。

同様にして見てゆくと、五二話の「馬追鳥《ウマオヒドリ》」、五三話の「郭公《クワッコウ》」「庖丁かけ」といった鳥の名前も、やはり方言でしょう。実際、『むらことば事典』にもこれらが載っています。「遠野にては時鳥《ホトトギス》のことを庖丁かけと呼ぶ」とあるのは、「長者」の記述方法と同じです。一一五話の「御伽話《オトギバナシ》のことを昔々《ムカシムカシ》と云ふ」という「昔々《ムカシムカシ》」も、昔話を意味した方言でしょう。その形式にこだわりすぎたために、一一七話で裏書きにない「昔々」を挿入してしまったのは、すでに確認したとおりです。このようにして単語としての方言をよく残していますが、それはこの作品がまさに「遠野物語」だったからに他なりません。

四　音読された『遠野物語』

『遠野物語』と「声」の問題を考える最後に、音読のことを取り上げておきます。前田愛《まえだあい》の『近代読者の成立』が明らかにしたように、かつて日本には音読の習慣が広くありました。一方で黙読があったことを想定しなければなりませんが、詩歌は言うまでもなく、新聞や小説も音読していたことを示す資料は少なくありません。文字言語もまた、声を介して享受されるものだったのです。そうしたことを思えば、口承文芸研究は純粋な口頭伝承に固執することなく、文字を介した音読を包摂しつつ、その概念が再構築されなければなりません。

他ならぬ『遠野物語』もまた、音読されることを念頭に置いて書かれたものだったと思われます。すでに引いた一一七話や六話でも確認できるように、本文には部分的に片仮名で振り仮名が付いています。これは草稿本にはなかったもので、清書本の段階で付けられています。地名・人名といった固有名詞はもちろん、普通名詞などにも付いていますが、その原則は必ずしも明確ではありません。だが、注意深く振り仮名が付けられたのは、やはりこの作品が音読されることを想定して作られたからに他なりません。

実際、『遠野物語』を音読した人としては、折口信夫《おりくちしのぶ》がよく知られています。昭和一四年（一九三九）一月の『ドルメン』第五巻第一号に載った「遠野物語」と題する長歌は、大正三年（一九一四）冬、神保町の露店で『遠野物語』を買った感激を詠みますが、その中に次のような一節が見えます。今、昭和二二年（一九四七）発行の『古代感愛集《こだいかんないしゅう》』（青磁社）から引きます。

　末ずゑは、ぺいじも截らず　さながらにおきし幾枚《ヒラ》。
指《オヨビ》もて我は截りつゝ、立ちながら読めり――幾枚《ヒラ》。

この記述は、アンカット版であった『遠野物語』の形態を彷彿《ほうふつ》とさせますが、末尾を指で裁断して読んだというのですから、もう物語本文の最後に入っていたと見ていいでしょう。この「立ちながら読めり――幾枚《ヒラ》。」は音読かと思われます。そして、長歌の最後は、次のように結ばれています。

五分しんのらんぷ掻《カ》上げて、さ夜深く読み立つ声の　わが声を屢々《シマ》ひそめ、若ければ涙たりけり。
遠野物語のうへに

この「さ夜深く読み立つ声の　わが声を屢々《シマ》ひそめ、」は明らかに音読です。しかも折口の場合、街頭のガス灯の下で立ち読みしたり、机に置いたランプの灯りで読んだりしていますが、どちらも孤独な音読です。一人でも声に出して読むのが当時の習慣だったのです。

実は、他ならぬ遠野の地で、『遠野物語』を音読したことが明らかになっています。昭和八年（一九三三）二月、遠野町郷土座談会と遠野物語朗読会の菊池明八《きくちめいはち》が書いた序文を持つ謄写版が作成されています。菊池はこの時、第五代遠野町長の立場にあったので、実際には町長の名を借りただけの序文かもしれず、二つの会の実態も明らかではありません。だが、序文によれば、『遠野物語』は出版当時五、六冊町内有志の手に保存されていましたが、散佚してしまい、今回、佐々木勇吉所蔵本を借りて謄写したとします。発刊から二三年後、地元遠野でも、『遠野物語』は「名著」になっていたのです。

それにしても、この謄写版が「遠野物語朗読会」で出されたことの意義は大きいと思われます。この謄写版は初版本に代わる「朗読」用のテキストとして作られたのです。実際にどのようにして「朗読」されたのかは不明ですが、「朗読会」と言うからには、組織を作って定期的に「朗読」する機会が設けられたにちがいありません。これは、『遠野物語』の「声」の復活であると同時に、『遠野物語』学習の第一歩でもありました。佐々木はこの時、仙台に出ていましたが、まだ存命中であったことからすれば、もう話し手や書き手の手を離れた『遠野物語』の享受が始まっていたことを意味します。

それは、ちょうど柳田が「口承文芸」という概念を提示した翌年のことでした。

つたえる――佐々木喜善『聴耳草紙』の再発見

一　始まった佐々木喜善の再評価

日本口承文芸学会の三〇周年記念事業として企画された「シリーズ　ことばの世界」全四巻が、平成一九年（二〇〇七）一一月から毎月刊行で三弥井書店から発刊されました。第一巻の「つたえる」を総論として、第二巻に「かたる」、第三巻に「はなす」、第四巻に「うたう」を各論にして構成しました。それぞれの巻を動詞で命名したのは、一般向けのわかりやすさを考慮しただけでなく、これまでの名詞によるジャンル区分を活性化したい、という願いもありました。

口承文芸については、特にその問題が大きかったように思います。民俗学ではこの言葉が公認されていても、辞典の見出し語は「口承文学」であって、一般的な語彙にはなっていません。また、研究の細分化が進んだ結果、口承文芸という広がりで議論をすることも難しくなっています。そうしたときに、改めて「つたえる」という本質に向き合える場所が必要なのではないかと考えました。なぜならば、急激な情報化と国際化を迎えた変動の時代にあって、「つたえる」という行為はこれまで以上に重要な意味を持つと考えられるからです。

その際、昭和六年（一九三一）に発刊された佐々木喜善の『聴耳草紙《ききみみぞうし》』は、ずいぶん昔の資料でありながら貴重な示唆を与えてくれます。柳田国男は「序」で、佐々木は採集者として、己をむなしくするほどの大変な努力を重ね、客観の記録を残すことができたとします。しかし、これは、佐々木の達成を高く評価しながらも、採集者は将来の研究者のためにあるとする抑圧でもありました。柳田は一郡一島単位で昔話集を作るべきだと考えていましたが、『聴耳草紙』は東北地方に伝わる昔話を寄せ集めたもので、それ自体がすでに大きな対立を孕《はら》んでいました。

ここに言う客観の記録とは、あまり下品な部分を切り捨てたり、我意に従って取捨を行ったりする傾向を克服したことを意味しています。それればかりでなく、それぞれの話の末尾には、いつ頃、誰が聞いた話であるかが明示されています。この本は確かに誤植が多いですし、発刊までの経緯が複雑だったこともあって、少なからぬ混乱を招いたことは否定できませんが、話の素姓を明らかにした意義は高く評価されていいでしょう。

その結果、『聴耳草紙』は、佐々木自身の記憶を核にしながら、周囲の人々からの聞き書きで幅を広げ、さらに多くの協力者の報告に拠ってできあがりました。こうした方法についても、「間接採集」の名のもとに一蹴することは簡単でしょう。しかし、録音技術もままならなかった時代にあって、東北地方に伝わる昔話を集成するためには、必要不可欠な方法だったと考えられます。

二　自然と生命の接点にある鳥の声

こうして集成された三〇三話の中に、「一一四番　鳥《とり》の譚《はなし》」の「夫鳥（その六）」があります。夫鳥とはコノハズクのことです。


或所に若夫婦があつた。或日二人で打揃うて奥山へ蕨採りに行つた。蕨《わらび》を採つてゐるうちに、いつの間にか二人は別れ別れになつて、互に姿を見失つてしまつた。若妻は驚き悲しんで山中を、ヲツトウ（夫）ヲツトウと呼び歩いて居るうちに遂々死んで、彼のヲツトウ鳥になつた。

また、若妻が山中で見失つた夫を探し歩いて居ると、或谷底で其屍体《したい》を見付けて、それに取縋《とりすが》り、ヲツトウ、ヲツトウと悲しみ叫びながら到頭ヲツトウ鳥になつた。それで夏の深山の中でさう泣いてゐるのだとも謂ふ。

齢寄《トシヨリ》達の話に拠ると、此鳥が里辺近くへ来て啼くと、其の年は凶作だと謂《い》うて居る。平素《フダン》は余程の深山に住む鳥らしい。

（私の稚《いとけな》い記憶、祖母から聴いた話。）


この話では、蕨採りに行った若夫婦が別れ別れになりますが、妻が夫を探せずに鳥になる場合と、妻が夫の屍体に縋って鳥になる場合の二通りあったことがわかります。これは『遠野物語』の五一話としてもよく知られていて、それは長者の男の子と女の子の話になっていますが、内容は「夫鳥（その六）」の前段とだいたい一致しています。

注意されるのは、「齢寄達の話に拠ると」と以下の記述です。これは話そのものというより、「私の稚い記憶、祖母から聴いた話」を記録する佐々木の認識を表しています。深山に住む鳥が里に来て鳴くと飢饉になるという伝えは、『遠野物語』五二話の馬追鳥に見られますが、『聴耳草紙』の「馬追い鳥（その九）」には見つかりません。佐々木が馬追鳥から夫鳥に修正したとも考えられますが、両様の伝えがあったと考えればいいでしょう。

佐々木にこれを語った祖母のノヨは天保一三年（一八四二）に生まれ、大正九年（一九二〇）に亡くなっています。「齢寄達の話に拠ると」とあることからすれば、その世代に共通する認識だったことになります。祖母たちの時代まではしばしば凶作が起こっていたので、絶大な恐怖があったはずです。夫鳥の鳴き声が里辺で聞かれると凶作の前兆であり、それは飢饉による死を予感させたにちがいありません。夫鳥の話は命に関わる伝えだったのです。

しかも、「彼のヲツトウ鳥になつた」から見ると、佐々木自身も夫鳥のことを認識していますが、「平素は余程の深山に住む鳥らしい」からすれば、深山で鳴き声を聞く経験はなかったことになります。『遠野物語』五一話に、「夏の夜中に啼く。浜の大槌より駄賃附《ダチンツケ》の者など峠を越え来れば、遥かに谷底にて其《ソノ》声を聞くと云へり」とあるのは、遠野と大槌《おおつち》を往来する駄賃附の経験であり、それを伝え聞いていたのです。こうした細部は佐々木の認識を正確に記しているにちがいありません。

佐々木は明治一九年（一八八六）に生まれ、昭和八年（一九三三）に亡くなっています。彼が生まれてから後も冷害による凶作はしばしば起こりましたが、飢饉で死ぬことはなくなります。凶作による死の恐怖が薄らぐことは、この話を伝える意義が失われてゆくことを意味しています。近代化の中で口承文芸を伝えることがなくなってゆく理由は、こんなところにあったのです。柳田は客観の記録と言いましたが、こうした細部には佐々木の時代感覚がよく表れていて、それゆえに大きな意義を持つように思われます。

三　人類史の中から考える視野

この夫鳥の話を読むときに思い出されるのは、佐々木の住んだ山口よりさらに奥地にある恩徳《おんどく》に暮らした三浦徳蔵《みうらとくぞう》の生き方です。三浦は大正八年（一九一九）に生まれ、平成二〇年（二〇〇八）に亡くなりましたが、「山の賢人」と呼ぶにふさわしい人物でした。恩徳は標高が高くて米が穫れませんので、その他の雑穀や山の恵みを糧にしてきました。凶作というとき、その念頭にあるのは米ですから、その生産さえ難しい場所はさらに冷害の影響を受けやすく、過酷な生活環境にあったとも言えます。

遠野市立博物館編『遠野の野鳥』の巻末には、三浦が記録してきた野鳥の初鳴きのデータが掲載されていて、その中にはコノハズクも入っています。三浦が野鳥の初鳴きに聞き耳を立てるのは、祖母ノヨのような感性とつながりますが、記録を取って生活に生かそうとするのは、佐々木の持っていたような科学的な思考に近いと言えましょう。恩徳の地に生涯を送った三浦は、古い感性と新しい思考を生きてきたのです。

もちろん、三浦の観察記録がどの程度有効であったかは、これから十分な検証が必要です。日本でも、明治一七年（一八八四）から日々の天気予報が出されるようになっていました（『平凡社大百科事典　10』）。佐々木が夫鳥の鳴き声から遠ざかってゆくのは、彼が天気予報の普及とともに育ったことと関連しています。そこでは、口承文芸が伝える予兆の知恵よりも、科学的な知識を尊重する思考が生まれていたにちがいありません。

昔話研究では、すでに花部英雄《はなべひでお》さんが「鳥の昔話と飢饉――「山鳩不孝」を中心に――」で、青森・岩手・秋田各県に伝わる「山鳩不孝」と飢饉の歴史を指摘しています。「山鳩不孝」のサブタイプの変容を分析したうえで、これは中国から来た「鳶不孝《とびふこう》」（「雨蛙不孝」とも）から生成したと考えています。

また、立石展大《たていしのぶあつ》さんは「日中「小鳥前生譚」の比較研究」で、農村生活にあって、鳥の鳴き声に耳を傾け、天候変化の予兆を探ることは、日本のみならず、中国でも共通すると指摘しています。さらに「時鳥と兄弟」は日中のつながりがあるものの、その他はそれぞれで生まれ、語られてきたのだろうとも推測しています。

こうした小鳥前生譚を伝えるのは、アジアだけではありません。日本民話の会・外国民話研究会編訳『世界の鳥の民話』の「1章　コノハズクになった子ども―小鳥前生譚―」には、中国、ドイツ、アイヌ、チャヤム（ベトナム）、セルビア、フランス、キャリアー（カナダ）、イギリスの一四話を収録しています。こうした問題を人類史の視野で議論できる基盤が整備されつつあることになります。

地球上では、飽食の時代を迎えた一方で、飢餓に苦しむ人々が絶えないだけに、こうした話を研究する社会的な意義は大きいと思われます。「つたえる」という口承文芸の本質に関わるテーマを据え、発生や伝播に限らず、それを支えた思考をとらえることが必要です。そうした際に、変動する時代の口承文芸を見つめた『聴耳草紙』のような記述は、まだ発見されないままに眠っているにちがいありません。人類史の視野に立って「つたえる」ということを考える口承文芸研究は、ほとんど始まっていないように思われます。

柳田国男の伝説研究――『遠野物語』から『山島民譚集』へ

一 「物語」としての『遠野物語』

柳田国男の生涯を振り返ってみると、伝説は最も力を注いで研究してきた分野だったと感じられます。だが、伝説に対する理論と分類が体系化され、それが民俗学の定説になってゆくのは、昭和に入ってからのことです。確かに、そのような民俗学における伝説に与えられた役割を検討してみることはできます。しかし、今は、体系化されたことによって、無意識のうちに自明となってしまった「伝説」という概念そのものを、根底から問い直さねばならない時代を迎えています。

その時に、早急に「伝説」の再構築を図ろうとするのではなく、柳田の理論を相対化するための思想を、他ならぬ柳田自身の中に見つけられないか、ということを考えてみます。伝説のように長年にわたって追究されてきた問題は、その時期の思想から強い影響を受けて変化しています。これからの柳田国男の伝説研究は、『定本柳田国男集』のようにして固定化するよりも、そうした変化の中で丸ごと捉えてゆくほうが遥かに有効ではないか、と思います。そうでなければ、「よくわかる柳田国男」のような焼き直しが蔓延するだけで、学問はますます疲弊してゆくことになるからです。

柳田国男を変化として捉えるというのは、ある意味ではその分裂を説くことになるかもしれません。だが、柳田のテクストは揺らぎの中に存在するだけでなく、常にコンテクストの呪縛の中で異化されています。そうであるならば、あえてこうした方法を採ることこそが、柳田研究ばかりでなく、伝説研究においても、その相対化を可能にするのではないか、と思います。これは一つの戦略にすぎませんが、そうした見通しをぬきにして、新しい研究が生まれることなどちょっと想像することはできません。

従って、ここでは、柳田国男の伝説研究を問い直すために、まず明治四三年（一九一〇）六月発行の『遠野物語』を取り上げてみます。(1) 柳田の著書として最も有名なこの本は、民俗学の誕生を記念する著作と言われて久しいのですが、実は民俗学には収斂《しゅうれん》できない異質さを孕《はら》んでいます。むしろ、民俗学以前に位置づけ、その呪縛から解放することによって、大きな可能性が開けてくるのではないか、と思います。『遠野物語』は、長く停滞してきた伝説研究を、未来に向けて再構築するための重要な拠点になるはずです。

この作品は遠野の人佐々木鏡石（喜善）から聞いた話を筆記したものですが、書名が示すように、その総体はどこまでも「物語」として捉えられねばなりません。「物語」が急速に忘れさられてゆく時代にあって、『遠野物語』を名乗るのは大きな挑戦だったにちがいありません。その際、柳田は殊さらに文語体を選んで叙述し、直接体験を表す助動詞「き」を使って出来事の現場に導こうとします。それは長く培われてきた「物語」の伝統に位置づけようとする方法だったはずです。(2)

話には番号を付けて一一九話を収めましたが、序文では、「思ふに遠野郷には此類《このるい》の物語猶数百件あるならん。我々はより多くを聞かんことを切望す」と記しています。この作品は遠野郷の「此類の物語」の一部にすぎず、さらに多くの筆記を求めていることになります。この願望は何度かの挫折を経ながらも、二五年後の昭和一〇年（一九三五）に刊行された『遠野物語　増補版』の「遠野物語拾遺」に結実しますが、そこには結局、二二九話が収められています。(3)

さらに序文は、「国内の山村にして遠野より更に物深き所には又無数の山神山人の伝説あるべし。願はくは之《これ》を語りて平地人を戦慄《せんりつ》せしめよ」と続きます。柳田の想像力は遠野を越えてゆきますが、そこには「山」と「平地」からなる世界認識が影を落としています。遠野からさらに物深い山村へと視点が空間が広がるのに伴って、「数百件」だった「物語」も「無数」の「伝説」へと数が増えてゆくのです。

ここに「山神山人の伝説」という表現が見えます。「山神山人」は、序文の後に設けた「題目」の中にある「山の神」「山男」「山女」という項目と対応しています。これらは「題目」の一部にすぎませんが、『遠野物語』の最も重要な主題として取り立てられたのです。『遠野物語』の総体はあくまでも「物語」としか呼ぶことはできませんが、その中心には「山神山人の伝説」が想定されていたことになります。

柳田は序文の末尾で、『遠野物語』を「目前の出来事」「現在の事実」と規定して、「今昔物語」の「今は昔の話」や、「御伽百物語」の「妄誕」と区別します。確かに、この作品は「目前の出来事」「現在の事実」にするために、地名や人名、数字を克明に記すなどして周到な叙述を創り上げています。(4) しかし、その一方で、「今昔物語」や「御伽百物語」と同様に、『遠野物語』もやはり「物語」であることを捨てられなかったのです。

『遠野物語』は「物語」の伝統に依拠しながらも、「目前の出来事」「現在の事実」という性格を与えて離反しようとします。実は、この作品は、こうした葛藤を抱え込んだがゆえに、空前絶後の達成を遂げることができたのでしょう。前近代でありながら近代であり、近代でありながら前近代であるという相《そう》剋《こく》をそのまま体現したのです。しかし、そうした孤高のテクストだったために、『遠野物語』は、柳田自身からも民俗学者からも賞賛されつつ疎外される、という奇妙な扱いをされてきたところがあります。

二　『遠野物語』に見る「伝説」

この序文は、現存する『遠野物語』資料の存在で、草稿本ではなく、清書本の段階で書かれたことが明らかになっていますが、その中で改めて、「山の神」「山男」「山女」の話を「山神山人の伝説」と呼んだのです。この時、これらの話を「伝説」と命名したことは、思いの外大きな意味を持ったのではないか、と思います。それによって、これらの話は、漠然とした総称である「物語」から切り離され、柳田の世界認識を体現する言葉と化していったからです。

だが、執筆の順序からすれば、「伝説」という言葉は、序文で初めて現れたわけではありません。すでに本文にもその用例が散見します。それらを順に抜き出してみると、

・処々の館《タテ》の主の伝記、家々の盛衰、昔より此郷に行はれし歌の数々を始めとして、深山の伝説又は其奥に住める人々の物語など、此老人最もよく知れり。（一二話）

・村々の旧家を大同と云ふは、大同元年に甲斐国より移り来たる家なればかく云ふとのことなり。大同は田村将軍征討の時代なり。甲斐は南部家の本国なり。二つの伝説を混じたるには非ざるか。（二四話）

・閉伊川の流には淵多く恐ろしき伝説少なからず。（五四話）

・阿倍貞任に関する伝説は此外にも多し。（六七話）

・諸国の**ヌカ**塚**スクモ**塚には多くは之と同じき長者伝説を伴へり又黄金埋蔵の伝説も諸国に限なく多くあり（七六話頭注）

・**ジヤウツカ**は定塚、庄塚又は塩塚などゝかきて諸国にあまたあり是も境の神を祀りし所にて地獄の**シヤウヅカ**の奪衣婆の話などゝ関係あること石神問答に詳《つまびらか》にせり又象坪などの象頭神とも関係あれば象の伝説は由なきに非《あら》ず塚を森と云ふことも東国の風なり（一一三話頭注）

となります。七六話頭注と一一三話頭注は清書本の段階で書き込まれましたが、他はすべて草稿本に見られますので、「伝説」という言葉はその段階にまで遡ることができます。

一二話は、新田乙蔵という老人がよく知っていたという「遠野郷の昔の話」の内容を具体的に叙述します。「処々の館の主の伝記」「家々の盛衰」「昔より此郷に行はれし歌の数々」に継いで、「深山の伝説」

「其奥に住める人々の物語」が並びます。これは、序文の「遠野より更に物深き所」にある「山神山人の伝説」と照応するにちがいありません。頭注に「惜しむべし乙蔵は明治四十二年の夏の始になくなりたり」と人物に触れるのは異例ですが、乙蔵の死によって、もう「山神山人の伝説」を聞けなくなった心痛のほどがうかがえます。

これに対して、五四話は「閉伊川の流には淵多く恐ろしき伝説少なからず」、六七話は「阿倍貞任に関する伝説は此外にも多し」、七六話頭注は「諸国のヌカ塚スクモ塚には多くは之と同じき長者伝説を伴へり又黄金埋蔵の伝説も諸国に限なく多くあり」とあり、それぞれの「伝説」が数多く存在することに触れます。こうして見ると、話と頭注は連続していることに気がつきます。五四話と六七話は遠野の範囲ですが、七六話頭注では「諸国」にまで範囲が広がっています。こうした叙述は伝説の比較研究の萌芽と言ってよいでしょう。

一一三話頭注では、和野のジョウヅカ森を「象を埋めし場所なり」と言い伝えていることについて、象の「伝説」があることも理由がないわけではないと述べています。「象坪などの象頭神とも関係あれば象の伝説は由なきに非ず」という叙述は、「ジヤウヅカ森」と「象坪」という近在の地名の起源を関係づけるもので、そこには伝説の系統研究の萌芽があることになります。

やや異質なのは二四話ですが、これは村々の旧家が大同元年に甲斐国から移住してきたので、「大同」の屋号を持つことについて、「大同は田村将軍征討の時代なり」と「甲斐は南部家の本国なり」という二つの「伝説」が混成した結果ではないか、と推定します。「二つの伝説を混じたるには非ざるか」という叙述には、伝説の発生研究の萌芽が見られます。これは本文ですが、すでに見たような頭注に近い位相にあります。誤解を恐れずに言えば、ここにはすでに柳田自身の見解が入り込んでいる可能性が高い、と思います。

こうしたかたちで『遠野物語』に分け入ってゆくと、そこには意識化されはじめた「伝説」という言葉が浮かび上がってきます。もちろんそれは、「伝説」という概念を明確に定義したわけでもなく、その指摘自体もきわめて断片的であって、体系化されたものではありません。だが、『遠野物語』はその内部にすでに、伝説の比較研究や系統研究、発生研究を孕んでいたと見ることができるように思われます。(5)

三　「諸国」に「類型」があるという問題

すでに見てきたように、『遠野物語』には、叙述した話の周辺によく似た「伝説」が数多く存在することが示されていました。序文の「遠野郷には此類の物語猶数百件あるならん」というのも、五四話や六七話の叙述と対応していて、根拠のない推定ではなかったにちがいありません。「山神山人の伝説」のみならず、「淵」の「恐ろしき伝説」「阿倍貞任に関する伝説」「長者伝説」「黄金埋蔵の伝説」のように、「伝説」は「―伝説」と呼べるようなまとまりをもって認識されはじめていたのです。

七六話頭注の「諸国の**ヌカ**塚**スクモ**塚には多くは之と同じき長者伝説を伴へり又黄金埋蔵の伝説も諸国に限なく多くあり」や、一一三話頭注の「**ジヤウツカ**は定塚、庄塚又は塩塚などゝかきて諸国にあまたあり」は、すでに引用しました。これらの叙述に見られるのは、同じような「伝説」や「地名」が

「諸国」には数多くあるという指摘です。

この「諸国」という言葉に着目してみると、まず序文の「路傍に石塔の多きこと諸国其比を知らず」が見つかります。これは、遠野には諸国に比べて石塔が多いという印象であり、ここでもその多寡が問題になっています。その他には、

・糠の前は糠の森の前に在る村なり糠の森は諸国の糠塚と同じ遠野郷にも糠森糠塚多くあり（六話頭注）

・**ウド**とは両側高く切込みたる路のことなり東海道の諸国にてウタウ坂謡坂などいふはすべて此の如き小さき切通しのことならん（九三話頭注）

・五穀の占、月の占多少のヴリエテを以て諸国に行はる陰陽道に出でしものならん（一〇四話頭注）

・星谷と云ふ地名も諸国に在り星を祭りし所なり（一一二話頭注）

の用例が見つかります。すべて頭注の叙述に見えるものですが、そうした点では、序文の「路傍に石塔の多きこと諸国其比を知らず」とともに、柳田自身の見解を記した叙述にだけ見えることになります。

このうち一〇四話は「占」に関する習俗ですが、その他は、「糠の森」「**ウド**」「星谷」という「地名」は諸国にあるものと関係するという指摘です。「伝説」のすぐ隣にこうした「地名」の問題があり、やはりここにも比較研究や発生研究の萌芽が見られます。六話頭注の「糠の森は諸国の糠塚と同じ」とい

うのは、七六話頭注の「諸国のヌカ塚スクモ塚には多くは之と同じき長者伝説を伴へり」と関連するものであり、「地名」と「伝説」は不即不離の関係にありました。

九三話頭注に「東海道の諸国」とあるように、ここに言う「諸国」とは外国ではなく、五畿七道の旧国を意味しています。『遠野物語』には「日本人」の用例はあるが、「日本」の用例は見られません。「日本」という言葉を使わずに「諸国」という言葉で叙述したのは、「伝説」や「地名」の歴史は国家には収斂できない、という認識があったのかもしれません。もしそうであるなら、『遠野物語』はこれまで言われてきた以上に反近代的な意識を持った作品だったことになります。

次の例も頭注ですが、「全国」という言葉が見えます。

・此話などは類型全国に充満せり苟《いやし》くも河童のをるといふ国には必ず此話あり何の故にか（五八話頭注）

これは、後に「河童駒引」と命名された話です。先の「諸国」に比べれば、「全国」は日本全体という意味合いが強いと思います。しかし、それでも「日本」という言葉は避けられています。それとともにここに立ち上がってきたのは「類型」という概念です。「類型」という言葉は、『遠野物語』に一例しかありませんが、よく似た多くの話を括る言葉として重要です。

一方、『遠野物語』には、「外国」という言葉もありますが、それは「此書を外国に在る人々に呈す」

という献辞だけです。他には「西洋」の用例として、

・此話に似たる物語西洋にもあり偶合にや（二七話頭注）

が見つかります。[6] これは、後に「水の神の文使い」と命名された話です。[7]
末尾にある「偶合にや」という問いかけは、五八話頭注の「何の故にか」という問いかけと同じ位相にあります。どちらの頭注もよく似た話が「全国」にあり、「西洋」にもあるという現象に対して、問いを出しています。頭注の書き方としてはやや奇異な感じがしなくもありませんが、頭注そのものが研究への萌芽であるという点ではこれまでの延長線上にあり、ここではその理由が未解決のままに出されたことになります。しかし、次に述べるように、実際には、柳田の研究は自ら立てた問いに答えようとするところから始まる場合が少なくありません。

四 「伝説の系統及分類」から『山島民譚集』へ

『遠野物語』に散見していた伝説研究の萌芽は、早くもその年の内に理論化を見ることになります。半年後の明治四三年一二月の『太陽』第一六巻第一六号の「雑纂」に掲載された「伝説の系統及分類」です。その前書きとも言える文章は、次のような解説から入ります。

地方の物識《ものしり》は各自我《わが》地方の伝説に付ては深き趣味を感じて居るけれども、其伝説が如何《いか》なる程度にまで日本国内に分布してあるかを知らぬ者が多い。偶々《たまたま》遠隔の地方に同種の伝説が存して居ることを聞けば、直に之に対して根原の先後を争はうとするのが普通である。私の見る所では、国の端々に亘つて各の山各の川には必ず夫々の伝説が附随して居るけれども、其形式には共通の点が多く、数百千の昔物語は之を分類して見れば僅々十五種か二十種に纏《まと》まつて居ると思ふ。而も同種類の伝説と云へば甲乙の間に常に大《だい》なる差異が無いのみならず、各種の伝説の間にも必ず顕著なる脈絡系統がある。

日本国内に分布する伝説は共通する点が多く、「分類」してみれば一五種から二〇種くらいになり、なおかつ、それぞれの伝説には「顕著なる脈絡系統」が必ず存在する、と主張します。「同種類の伝説」を集めて「分類」するにしても、「分類」されたそれぞれもまた孤立したものではなく、「脈絡系統」を持っている、という仮説です。

そして、以下のような一六種の伝説を列挙し、その要点を述べています。

一　長者伝説
二　糠塚伝説
三　朝日夕日伝説

四　金鶏《きんけい》伝説
五　隠里伝説
六　椀貸《わんかし》伝説
七　生石《おふいし》伝説
八　姥神伝説
九　八百比丘尼伝説
一〇　三女神伝説
一一　巨人伝説
一二　ダイダラ法師伝説
一三　神馬《しんま》伝説
一四　池月磨墨《いけづきするすみ》伝説
一五　河童馬引《かっぱうまひき》伝説
一六　硯水《けんすゐ》伝説

こうして並べてみただけでも、『遠野物語』からの連絡が濃密であることに気がつきます。「長者伝説」は七六話頭注、「糠塚伝説」は六話頭注や七六話頭注、「金鶏伝説」は七六話頭注、「川童馬引伝説」は五八話頭注と直接つながっています。その他にも、「椀貸伝説」は六三話と六四話のマヨイガの話、

「姥神伝説」は六五話の阿倍ケ城の話、「三女神伝説」は二話の遠野三山の話と関わることがすぐにも知られます。だが、『遠野物語』の序文に見られた「山神山人の伝説」は、ここには立項されていません。それはこれらを「系統」化する際の結節点になるものと考えていたのかもしれませんが、やはり『遠野物語』の最も重要な主題であった「山神山人の伝説」が、ここでは後退していると見るべきなのでしょう。

　このようにして『遠野物語』からさらに発展させるかたちで示された「伝説の系統及分類」の設計図は、やがて『山島民譚集《さんとうみんたんしゅう》』としてまとめられるはずでした。しかし、大正三年（一九一四）の『山島民譚集（一）』には、「河童駒引」「馬蹄石」を収めただけで中断してしまいました。結局、柳田没後の昭和三九年（一九六四）、『定本柳田国男集　第二七巻』の「山島民譚集㈡」に、「大太法師」「姥神」「榎の杖」「八百比丘尼」が載りました。そして、それに追加するようにして、昭和四四年（一九六九）に『増補山島民譚集』が出て、「山島民譚集㈢」に「長者栄華」「朝日夕日」「黄金の鶏」「椀貸塚」「隠里」「打出小槌」「衢の神」が入っています。

　今、「伝説の系統及分類」と比べてみると、「生石伝説」「三女神伝説」以外は『山島民譚集』に詳しく論証されていたことがわかります。『山島民譚集』の段階で新たに加わったのは、「榎の杖」「打出小槌」「衢の神」だったことも知られます。そうした関連とともに、大きな断絶として、「伝説」という言葉が消えたことを指摘しておかなければなりません。この時に選んだ言葉は「民譚」であり、『山島民譚集』という書名にもなりました。そのために、これは伝説研究の著作と見なされなかったのです。しかも『山島民譚集』は、柳田の生前には二章しか示されなかったこともあって、まだ十分な研究がなされていません。どうも、柳田の中では、『遠野物語』と同様に、『山島民譚集』を疎んじたところがあったようです。その結果、今なお柳田研究からも伝説研究からも排除されているらしいのです。

『山島民譚集（二）』の「続刊予告」には、全八巻の構成を考えていたことが示されていますが、最後に「伝説分布表」と「名物索引」を載せる予定があったことが知られます。『山島民譚集』はあまり注目されてきませんでしたが、『遠野物語』を受け止めて、伝説研究を集大成しようとした壮大な実験であった、と思います。今後、『遠野物語』から『山島民譚集』への軌跡を詳細にたどることができれば、柳田国男の伝説研究はこれまでとはまったく違った相貌を現わすにちがいありません。

1　『遠野物語』の用語を分析した論考として、高木史人「昔話と伝説」（『説話の講座2　説話の言説―口承・書承・媒体―』勉誠社、一九九五年）があり、参考になりました。

2　石井正己『物語の世界へ　遠野・昔話・柳田国男』（三弥井書店、二〇〇四年）。

3　石井正己『柳田国男と遠野物語』（三弥井書店、二〇〇三年）。

4　石井正己『遠野物語の誕生』（若草書房、二〇〇〇年。ちくま学芸文庫、二〇〇五年）。

5　『遠野物語』で比較の問題を示唆する頭注は、本文で触れた他にも、九話の「**ヤチ**は**アイヌ**語にて湿地の義なり内地に多くある地名なり又**ヤツ**とも**ヤト**とも**ヤ**とも云ふ」、二八話の「北上川の中古の大洪水に白髪水といふがあり白髪の姥を欺き餅に似たる焼石を食はせし祟なりと云ふ此話によく似たり」など少なくありません。

6　この「西洋」の問題は、『遠野物語』で言えば、八四話の「海岸の地には西洋人あまた来住してありき。釜石にも山田にも西洋館あり。船越の半島の突端にも西洋人の住みしことあり」などと関連して考えられていた可能性があります。なお、再校本の段階で記入された二二話頭注の「マーテルリンクの「侵入者」を想ひ起さしむ」では、さらに踏み込んだ「西洋」との比較研究を考えていたように思われます。

7　これについては、柳田国男「己が命の早使」（『新小説』第一六年第一二巻、明治四四年（一九一一）一二月）が書かれています。このことは注4の『遠野物語の誕生』で触れました。

津波と柳田国男

二〇〇五年六月二六日、遠野市立博物館にて大船渡市民に講演

一　東北の歴史と『遠野物語』

今回、「津波を見た男展」を開催することになり、大船渡《おおふなと》市立博物館の優れた展示をこちら（遠野市立博物館）にお貸しいただきました。平成一六年（二〇〇四）にはスマトラ沖で発生した地震による津波が映像として流れたこともあって、世界中が津波の恐怖を感じています。津波の被害を受けてきた歴史で言えば、日本は世界に誇る先進国であり、その経験を乗りこえてきたと言えましょう。さまざまな形で、今、日本の経験が世界へ発信されれば、真の意味で世界貢献になるにちがいありません。

遠野出身の山奈宗真《やまなそうしん》という人は、明治二九年（一八九六）、三陸海岸に津波があったとき、一カ月かけて歩いて調べています。記録された津波の高さや被害の状況が非常に正確なので、今日でも役立つところが多いとされます。山奈は、岩手県では殖産興業の分野において貢献があったことで知られています。しかし、遠野の方々はその点ばかりで、津波を調査したことを意外に知りませんので、大船渡から刺激

を受けて見直さなければなりません。

海岸に暮らす方々にとって、津波は大きな恐怖です。けれども、遠野の人々は盆地に暮らしているので、まったく関係がないかというと、そんなことはありません。遠野の人たちが大船渡に行く場合もあるからです。スマトラ沖地震では、リゾート地を訪れていた多くの外国人観光客が被害に遭っています。国際化の時代を迎えて、人の流れは激しく大きいので、住民だけでなく、誰にもそうした危険が起こりやすくなっています。津波ばかりでなく、地震や台風といった天災は、そこに住む人だけではなく、すべての人が遭う可能性があるのです。

そこで、大船渡の方々にはこれまで馴染みがなかったのではないかと思って、この「津波と柳田国男」というテーマを立てました。柳田は明治八年（一八七五）に兵庫県で生まれ、昭和三七年（一九六二）に、数え八八歳で亡くなりました。この人の一番大きな仕事は、民俗学という学問を創ったことにあります。民俗学というのは、人々の普通の暮らし、例えば何を食べていたかとか、何を着ていたかとか、どんな神様や仏様を信仰していたか、などといったことを対象にします。

そういうごく当たり前のことというのは、実は、学校で学ぶ日本史の中にはほとんど出てきません。日本史には、何年にどういう事件があったかということは出てきますが、ごく普通に暮らしてきた人々の生活の歴史は、今もって日本史の中心にはなっていません。しかし、柳田は、それに異議を唱えたのです。一回的な事件ではなく、ごくありふれた人々が何年も重ねてきた生活こそ、日本人の歴史を考えるときに大事ではないかと考えました。そして、記録に残らなかった言い伝えなどを記録して学問にしていこうと考え、民俗学という学問を創ったのです。

東北の人々にとっては、民俗学はとても大事な学問です。東北には縄文遺跡がたくさん出てきて、考古学が対象にします。その後を見てゆくと、平泉にはたくさんの関連資料が残っていますが、多くの土地では江戸時代にならないと記録が出てきません。遺物と文書にしか歴史がないとしてしまうと、縄文と江戸の間には歴史がないことになります。その際、人々の言い伝えがとても重要な資料になり、ひょっとしたら江戸時代を乗りこえて縄文時代まで続くような、東北の人々の長い歴史が残されているかもしれません。

柳田が三〇代半ばに出した本に、『遠野物語』があります。これは明治四三年（一九一〇）発行です。今から九五年前のことで、やがて一〇〇年になろうとしています。遠野出身の佐々木喜善という人が東京に出ていて、柳田に話した話を一一九話にまとめています。佐々木は、そのときまだ二〇代半ばでした。我々は、柳田が遠野に来て聞いた話ではないかと思ってしまいますが、そうではありません。実は、『遠野物語』は東京で聞き書きが行われ、一〇歳も若い人から聞いてできたのです。

柳田はその聞き書きを終えてから、明治四二年（一九〇九）、刊行の一年近く前に遠野へ来て、遠野町をはじめ、土淵《つちぶち》村や附馬牛《つきもうし》村まで馬で回っています。そのようにして話を聞き、そして遠野へ行って見て、これは紹介しなければいけないと考えたのです。それらの話には、まざまざと「目前の出来事」「現在の事実」が残っていたからです。

二　『遠野物語』に見る津波の話

実は、九九話には、こんな津波の話があります。

九九　土淵村の助役北川清と云ふ人の家は字火石《ヒイシ》に在り。代々の山臥《ヤマブシ》にて祖父は正福院と云ひ、学者にて著作多く、村の為に尽したる人なり。清の弟に福二と云ふ人は海岸の田ノ浜へ婿に行きたるが、先年の大海嘯《オホツナミ》に遭ひて妻と子とを失ひ、生き残りたる二人の子と共に元の屋敷の地に小屋を掛けて一年ばかりありき。夏の初の月夜に便所に起き出でしが、遠く離れたる所に在りて行く道も浪の打つ渚《ナギサ》なり。霧の布《シ》きたる夜なりしが、その霧の中より男女二人の者の近よるを見れば、女は正しく亡くなりし我妻なり。思はず其跡《ソノ》をつけて、遥々と船越村の方へ行く崎の洞ある所まで追ひ行き、名を呼びたるに、振返りてにこと笑ひたり。男はと見れば此《コレ》も同じ里の者にて海嘯の難に死せし者なり。自分が婿に入りし以前に互に深く心を通はせたりと聞きし男なり。今は此人《コノ》と夫婦になりてありと云ふに、子供は可愛くは無いのかと云へば、女は少しく顔の色を変へて泣きたり。死したる人と物言ふとは思はれずして、悲しく情《ナサケ》なくなりたれば足元を見て在りし間に、男女は再び足早にそこを立ち退きて、小浦《ヲウラ》へ行く道の山陰を廻《メグ》り見えずなりたり。追ひかけて見たりしがふと死したる者なりしと心付き、夜明まで道中《ミチナカ》に立ちて考へ、朝になりて帰りたり。其後久しく煩ひたりと云へり。

佐々木喜善が生まれた土淵村の助役であった北川清の家は山臥（山伏）の家系で、喜善とは縁続きになります。清という人の弟に福二という人がいて、この人は海岸の田の浜へ婿に行きました。今は、長根という家に婿に行ったことまで調べられています。

「先年の大海嘯」とは三陸の大津波です。明治二九年六月一五日、旧暦五月五日の節句の日でした。福二は津波に遭って奥さんと子供を失い、生き残った二人の子供と、屋敷のあった所に小屋を掛けて一年ほど暮らしていました。津波に遭った後、どこに家を作るかはとても大きな問題ですが、元の屋敷の場所に小屋を建てて生活をしたのです。普通でも便所は屋外にありますが、この時は渚を通って行くほど遠かったようです。便所は共同便所らしく、一軒ごとに持てない事情があったようです。

その時に、霧の中から男女二人の者が近づいてきましたが、女性の方は亡くなった妻でした。妻の亡霊と会ったのです。『遠野物語』には、そういう不思議な世界がたくさんあります。奥さんの名前はタキノ説とキヨ説と二つあります。実際には、この時、福二は「タキノ（またはキヨ）」と声をかけたのでしょう。

名前を呼ばれて二人が振り返ると、相手の男性は同じ里の者で、やはり津波で亡くなった人だと気がつきます。妻は福二が婿に入る前に、この男性と深く心を通わしていたという噂があり、それが福二の耳にも入っていたのです。二人は幼馴染みで恋愛をしましたが、妻は家を継がなければならず、その男性と別れて、福二を婿に迎えて結婚したのでしょう。婿を取るというときには生じやすい問題です。

これは、別れた二人がたまたま津波で死んで、一緒に亡霊になって出てきたという話になります。妻は、「生きている間は夫婦になれなかったので、死んだ今は夫婦になっている」と言ったそうです。そうすると、福二は、「子供はかわいくないのか」と言って、残された二人の子供のことを問題にします。「女は少しく顔の色を変へて泣きたり」とありますが、会話はそれで終わっています。

「死したる人と物言ふとは思はれずして」というのは、覚醒状態に戻ってきたことを意味します。さらに「足元を見て」となりますが、それは本当に死んだ人かどうか確かめようとしたのでしょう。そうすると男女は足早に退いて、小浦へ行く山陰をめぐって姿が見えなくなります。小浦は、正しくは「大浦」だろうと考えられています。

福二は追いかけてみますが、「ふと死したる者なりしと心付き」というのは、二度目の覚醒と言っていいでしょう。「死したる人と物言ふとは思はれずして」よりも、さらに現実に戻っていることがわかります。やっと正気になって、夜明けまで道中に立って考えて、朝になってから家に帰り、その後久しく病んだ、と言い伝えています。

津波という天災が作った出来事ですが、奥さんを津波で亡くした福二の幻想でしょう。本当に亡霊がいたかどうかより、福二は、亡くなった妻は自分と結婚する前に心を通わせた男性を思いつづけていたのではないか、と考えていたにちがいありません。そういう深層心理がこういう話を作っているのでしょう。こうした心理は他人事とは思えないところがあるだけに、とてもリアリティーがあったはずです。

これは田の浜での出来事なので、遠野郷の話ではありません。けれども、婿に行った先の出来事というつながりがあって、『遠野物語』に入っています。遠野郷という範囲からすると逸脱ですが、話はいろいろな関係でつながっているのですから、海岸の話が入っているのも不思議ではありません。人の話は行政区域と関係なく広がるものだからです。

三　『雪国の春』の「二十五箇年後」

柳田には、もう一つ、津波に関する文章があります。

柳田は貴族院の書記官長という要職を勤めた後、東京朝日新聞社に入って、「日本全国を旅させてくれ」と言ったそうです。その時に、彼が選んだ最初の土地が東北地方でした。大正九年（一九二〇）、仙台から八戸《はちのへ》まで、三陸海岸を徒歩で旅しようと考えたのです。大船渡にも寄っています。東北本線は走っていましたが、海岸には鉄道がありませんでしたので、徒歩の旅で見聞したのです。その時に書いたのが「豆手帖から」という文章で、三〇回くらい『東京朝日新聞』に連載しています。

なぜ柳田は三陸海岸を苦労しながら歩いたのでしょうか。先ほど言った、ごく普通の人々の暮らしや物の考え方、表情というのは、実際に訪ねて聞いてみないとわからないと考え、まだ鉄道が走っていない三陸海岸をわざわざ徒歩で旅したのです。それは、『遠野物語』の延長にありながらも、本格的な東北調査だったと言っていいでしょう。

その連載に、「二十五箇年後」という文章があります。「二十五箇年後」というのは、明治二九年の大津波から二五年後という意味です。これは昭和三年（一九二八）の『雪国の春』に入っています。しかし、「豆手帖から」が新聞に載ったときには、「二十五箇年前」でした。新聞では二五年前に主題を置きましたが、単行本では二五年が経った現在に視点を置いていることになります。「二十五箇年前」から「二十五箇年後」への題名の変更は、物の見方の上で大きな変化だったにちがいありません。

『雪国の春』は柳田国男の東北文化論でした。暦の上での春と実際の春は、東北では大きくずれています。暦では春になっても、まだ雪深いからです。特に日本海側はそうで、どこにも春の気配がなくても、人々は春になったからと言って、収穫を祈って繭玉を作ったり、田植えの真似をしたり、いろいろな正月行事をしてきました。しかし、実際の春が訪れるのは、ずっと後だったのです。

そのようなことが起こるのは、日本は中国から暦を学び、京都を中心に文化ができたからです。京都における春は、暦の春と実際の春が近いのです。『古今和歌集』で作られる微細な季節感覚は、京都の自然と密着しています。けれども東北では、暦の春と実際の春が大きくずれています。長い冬が終わって、春になれば梅も桜も一斉に花が咲きます。東北人にとって、春を待ち焦がれる心はとても大きいはずです。その中で、暦の春と実際の春とのずれから、東北が抱えている問題を考えようとしたのです。

「二十五箇年後」の冒頭に、宿《しゅく》という集落の話が出てきます。大船渡より南で、唐桑《からくわ》半島の付け根の、気仙沼《けせんぬま》湾に面した所にあります。唐桑の宿の部落では四〇戸足らずのうち、たった一戸だけ残して、他は全部津波で潰れてしまいました。先ほどの田の浜でも一三八戸のうち、一二九戸が流出しています。津波の威力は大変なもので、集落を壊滅状態にしてしまうのです。一戸残った家でも、男の子を亡くし

「海嘯の惨害　家屋を破壊し人畜を流亡するの図」(『臨時増刊風俗画報』明治29年７月)(『描かれた惨状』より)

ています。泊まりに行って亡くなったので、家にいればこの子は助かったにちがいありません。たまたまお婆さんの家に行って死んでしまったのですが、事故とはそんなものなのかもしれません。「おら詣《まゐ》りとうなござんす」という最後の言葉は、死を予感していたかのようで、切なく響いてきます。

　柳田に話した婦人は、その時一四歳でした。二五年経っているので、この時、三九歳です。岡の上で父親が声をかけて、その声で助かったそうです。まさに声の力でしょう。

　その晩、大量の薪を焚くと、海上に流された人たちがその火を目当てに泳いで帰ってきました。こういう救助の方法があることは、この文章を読まないとなかなか知ることができません。薪を焚くということは記録には書かれていないことでしょうが、命を分けることを思えば、知っておくべき大事な知恵です。

この婦人と母親はそれぞれが助かったけれども、助かったことを知らないで一晩過ごしています。おそらくそういうことがいくらもあったのでしょう。災害の時に、人はどのような状況に置かれるのか、そうしたことがよくわかります。津波の時にどうして助かったのかという話は、生きてゆく知恵として重要でしょう。何かあったときに命を分けるのは記録ではなく、口伝えの記憶だからです。

運命の偶然を思わずにいられませんが、人もそうだし、馬も無事だったのです。風呂桶のまま海に流されて助かったというのは、『風俗画報』にも出てくる話です。二階に寝ていた子供は屋根裏にいて助かっています。

私がとても重要だと思うのは、次の段落です。人の善悪でこういったことが決まっていくわけではありませんが、この津波の結果、人々の経済はがらりと変わります。

もつと手短かに言へば金持は貧乏した。貧乏人は亡くした者を探すと称して、毎日々々浦から崎を歩き廻り、自分の物でも無いものを沢山に拾ひ集めて蔵《しま》つて置いた。元の主の手に復《かへ》る場合は甚だ少かつたさうである。恢復と名づくべき事業は行はれ難かつた。智慧《ちゑ》のある人は臆病になつてしまつたと謂《い》ふ。元の屋敷を見棄てゝ高みへ上つた者は、其故《それゆゑ》にもうよほど以前から後悔をして居る。之に反して夙《つと》に経験を忘れ、又は其よりも食ふが大事だと、ずん〳〵浜辺近く出た者は、漁業にも商売にも大きな便宜を得て居る。或《あるい》はまた他処《よそ》から遣つて来て、委細構はず勝手な処に住む者も有つて、結局村落の形は元の如く、人の数も海嘯の前よりはずつと多い。一人々々の不幸を度外に置けば、疵《きず》はすでに全く癒《い》えて居る。

津波によって、貧富の関係が逆転してしまうのです。津波は秩序を崩壊し、その後では金持ちより貧乏人の方が貪欲だったのです。臆病になって、元の屋敷を捨てて岡の上に家を建てた人は、漁村では地の利がなく、その家は衰えてゆきます。これに反して、食うが大事だと浜辺近くに出た者は、漁業にも商売にも大きな便宜を得て、金持ちになります。そして、他所からやって来て、自分の場所だと言って住んでしまう者もいたようです。そういう混乱の中で新たな秩序が作られていったのです。先ほどの田の浜にいた福二という人は、元の屋敷の地に小屋を掛けていました。彼は勇気を持って浜辺に小屋を建てて、そこから生活を立て直そうとしたのです。

柳田は最後に、文明年間の津波に触れますが、明治二九年の記念塔は村ごとに立っています。柳田が三陸海岸を歩いた後、昭和八年（一九三三）にも津波があって、この時の記念塔も立っています。昭和八年の碑には、「津波があったら山に逃げよ」という標語になっています。生きるための知恵を碑に書いたのです。しかし、明治二九年の碑は、二五年経ってしまうと、もう書いた碑文も漢語のため、その前に立つ人もいなくなります。

こうしてそれぞれが中途半端なまま生活を送っていることを、「烏賊《いか》のなま干」とか「鰹《かつを》のなまり節」と言っています。二五年というのは、新しい生活を始めるにはまだ中途半端な時間だったのです。それから三陸海岸は昭和八年の津波を経験し、さらにチリ地震の津波も経験しています。おそらくこれから先も、間違いなく津波はあるでしょう。東京で地震が起こるのと同じように、三陸海岸には津波が来るにちがいありません。

次に来る津波を避けて、人々は一度岡に上がっても、また海辺に戻ってくることは、すでに山口弥一郎《やまぐちやいちろう》の労作『津浪と村』が明らかにするところでした。その後、宮城県に比べて岩手県の海岸は、日常の景観を犠牲にしても、津波除けの堤防をどんどん高くしてきたことはすでに知るとおりです。

何はともあれ、柳田は遠野を書いた『遠野物語』や、三陸海岸を歩いた『雪国の春』で、津波のことをこういう形で書き留めているのです。大船渡の海辺で先祖代々暮らしてきた人や、新しく暮らしはじめた人の心の片隅に、こういう文章がちょっとでも残るとよいと考えています。

人魚・河童・天狗——南部藩妖怪事情

一　人魚のミイラのX線写真

平成一八年（二〇〇六）の秋、東京の国立科学博物館で開催された「化け物の文化誌展」の展覧会は衝撃でした。それは、非科学的と見なされてきた化け物を科学の目で正面から取り上げたからに他なりません。その結果、科学の視点で化け物を考える方法が初めて開かれたように思われます。

なかでも圧巻だったのは、八戸《はちのへ》市博物館で出品した人魚のミイラをX線撮影した結果でした。頭部は張り子、下半身は魚の胴体を利用した作り物であることが判明したからです。ただし、それを陳腐なものとして退けるのではなく、作り物を必要とした文化を問うものでした。

同館では、人魚の爪《つめ》、足皮、肉、牙《きば》、百ヒロ、尋《ひろ》の標本も所蔵しています。これらは、実際には動物の体の一部と思われますが、人魚は薬として重宝され、熱心に収集されたようです。人魚の肉を食べて長生きしたという八百比丘尼《やおびくに》の伝説がありますが、あの話もこうした標本と無関係ではなかったのでしょう。

人魚のミイラとしては、その他にも、和歌山県の学文路苅萱堂《かむろかるかやどう》や原野農芸博物館にあるものが知られますが、八戸市博物館のミイラは双頭である点が珍しいと思います。こうしたミイラは、おそらく見世物に出すためにたくさん作られたのでしょう。

だが、そうした作り物や標本は、下手物趣味というよりも、最新の知識として入ってきた博物学的な思考と強く結びついていたのです。これらは、九州の薩摩《さつま》藩に生まれた八戸藩九代藩主の南部信順《なんぶのぶゆき》が蘭学好きから収集した物であり、それは都市の盛り場を賑わす見世物とつながっていたと考えられます。

こうしたつながりは、一見相反することのように思われなくもありません。しかし、そうした背景には、支配者と被支配者、学問と芸能が結びつく伝統があったと考えるべきでしょう。博物学と見世物が引き寄せられるのは、決して奇異なことではなかったのです。

こうした化け物は、現在、明治以降普及した「妖怪」という言葉で説明されることが多いと思います。しかし、江戸末期になって、妖怪が頻りに具象化されたことは、近年の研究が明らかにしてきたところです。しかし、それは江戸や上方のことが中心で、地方で妖怪をどのようにイメージしてきたかは、まだ不明な点が多いと思います。

今回、地元の八戸市博物館で「江戸　妖怪物語」の展示を行うにあたっては、これを南部藩という視点で把握してみる必要があるのではないかと考えました。改めて考えてみれば、南部藩では、八戸ばかりでなく、盛岡や遠野でも、妖怪の具象化が行われた痕跡が見つかるからです。それらはまだ小さな点にすぎませんが、これからの視野を広げてゆくための第一歩になるでしょう。

しかも、遠野には、柳田国男《やなぎたくにお》が明治四三年（一九一〇）に発行した『遠野物語』があります。これは南部藩滅亡後の近代を考える上でも貴重な記録でした。遠野に豊かな伝承が残ったのは、盆地の閉鎖性によると言われますが、その中心地が南部家一万石の城下町であったことは軽視できません。そうした江戸時代以来の都市文化が『遠野物語』の基層にあったはずです。

ここでは、河童《かっぱ》と天狗《てんぐ》を取り上げて、南部藩の妖怪事情を考えてみましょう。まだ初めの一歩にすぎませんが、歴史学と民俗学の越境を通して見えてくる風景は、そのどれもが決して無縁ではないことを想像させます。八戸藩主の蘭学好きも特異なことではなく、深く民衆とつながっていたように想像されるのです。

二 『遠野物語』と『水虎之図』の関係

遠野では、川に河童が多く住んでいると信じられ、川岸には河童の足跡が見られることも珍しくありませんでした（五七話）。土淵町の常堅寺裏の河童淵は、観光写真で紹介される機会も多く、よく知られる場所になっています。この河童淵は『遠野物語』の舞台そのものでなく、遠野に何カ所かある河童淵の一つにすぎませんが、境内にある河童狛犬《かっぱこまいぬ》と結び着き、観光スポットとして定着したのです。

こうした河童淵には、「河童駒引《かっぱこまびき》」の伝説があります。例えば、新屋《しんや》の家《うち》の子が小烏瀬川《こがらせがわ》の姥子淵《おばこふち》へ馬を冷やしに行き、河童が馬に引きずられて厩《うまや》に来たのを見つけられ、今後は村中の馬に悪戯《いたずら》しないという約束させて放したので、今は相沢の滝に住んでいる、という話があります（五八話）。

この話の頭注には、「此話《この》などは類型全国に充満せり苟《いやし》くも河童のをるといふ国には必ず此話あり何の故にか」と見えます。柳田は、遠野固有の伝説ではなく、日本全国に存在することをよく認識していたのです。結局、この問いに自ら答えるようにして、大正三年（一九一四）発刊の『山島民譚集《さんとうみんたんしゅう》（一）』で、馬を水神に生け贄《いにえ》として供える儀式の行われた場所だったという仮説を提示します。

また、松崎村の川端《かわばた》の家《うち》には、生まれた河童の子を斬り刻んで一升樽《いっしょうだる》に入れ、土中に埋めたという話があります（五五話）。異類としての河童が忌み嫌われているのですが、それによって間男の噂が消されたという展開からすれば、むしろ、そのためにこの話型が利用された可能性が高いことを暗示します。

上郷村の某家でも河童らしい物の子を産んで、道ちがえに置いたという話があります（五六話）。道ちがえは追分で、異界との接点になります。この話は、河童の子を見世物に売って儲《もう》けようと考えた点が興味深いところです。実際、江戸時代の珍物茶屋《ちんぶつちゃや》には河童の干し物が置かれていたそうです。遠野でも、農村の習俗を都市的な盛り場の文化が浸食しつつあったのです。

一方、盛岡市中央公民館が所蔵する『水虎之図《すいこのず》』があります。この絵巻は、江戸時代、日本各地に出没したとされる水虎の図像を集めて解説しています。「水虎」とは河童の別名です。これはさまざまな河童を描いた妖怪絵巻として、これまでも広く紹介されてきたものです。

そもそもこの絵巻は、盛岡南部家が所蔵していたものです。いつ、誰が、誰に描かせたのかといった経緯は不明ですが、天保八年（一八三二）成立の『水虎考略』と一致する記述が見られますので、それ以後に描かれたものでしょう。博物学に関心を持つ藩主が求めたものでしょうが、詳細は今後の研究を待たねばなりません。

むしろ、『遠野物語』の関係で言えば、「外《ホカ》の国にては河童の顔は青しと云ふやうなれど、遠野の河童は面《ツラ》の色赭《アカ》きなり」(五九話)が気になります。遠野の河童の顔は赤かったのです。『水虎之図』を見ると、確かにいくつかの河童の顔は赤いことがわかります。直接のつながりはないはずですが、『遠野物語』と『水虎之図』がまったく無関係であるとすることは難しいのではないかと思われます。

三　天狗の持ち物と天狗のミイラ

河童が川に住む妖怪だとすれば、天狗は山に住む妖怪でした。早池峰《はやちね》の前面に立つ前薬師には天狗が住むと言いますが、土淵村山口のハネトという家の主人は前薬師に登って、三人の大男に出会い、麓まで送ってもらったという話があります(二九話)。

また、松崎村の天狗森には天狗が多くいるとされて、村の若者がそこで大男に突き飛ばされ、後に早池峰の腰に萩苅《はぎか》りに入ったときに死体で見つかったという話もあります(九〇話)。天狗森は天狗の話が累積することにちなんだ地名ですが、今は天ヶ森と呼ばれています。

実は、遠野にある浄土宗の古刹金光山善明寺には、「天狗の牙」の伝説があります。開祖金光上人は松崎の養安寺に招かれ、妻子八人を洪水で失った修験者が天狗になったのを救い、天狗が帰依を誓う証拠に二本の歯を差し出したとされ、今、その一本が天狗の牙として伝わっているのです。善明寺は八戸に開山した寺で、遠野移封の際に養安寺と合併しましたが、寺では元の所在地の近くに天狗森があることを意識しています。

考えてみれば、『遠野物語』に載る天狗の話の舞台は、早池峰山、前薬師、天狗森と一列に並んでいます。こうした天狗の話を生む基盤には早池峰信仰があったと推定されますが、一方にこうした浄土宗寺院が関与したことを考えてみるべきかもしれません。

昭和一〇年（一九三五）発行の『遠野物語　増補版』に入った「遠野物語拾遺」では、一日市《ひといち》の万吉米屋の主人が稗貫《ひえぬき》郡の鉛温泉に湯治に行って天狗と懇意になるが、最後に来たときに天狗の衣を残していったという話があります（拾遺九八話）。また、遠野町の某家には、主人と懇意にしていた清六天狗から天狗の衣と下駄を貰って宝物にしているという話もあります（拾遺九九話）。

今、遠野市立博物館では、万吉米屋の子孫から寄贈された天狗の衣、下駄、網袋《あみぶくろ》、弓矢、掛軸、湯飲茶碗を所蔵しています。物語の記述よりも物が増えているのが興味深いところですが、ゆかりの家々には天狗との関係を事実化するような物が家宝として伝来してきたのです。

一方、八戸市博物館では、天狗のミイラも所蔵しています。これも八戸藩に伝来したもので、木箱の蓋には「日向州延岡産　天狗」とあります。現在の宮崎県延岡市で得た天狗であり、南部信順が九州における人脈によって入手したものではないかと想像されます。

このミイラの場合もX線撮影による調査が行われ、頭部は猫の頭骨、手は猫の足、胴体から足はヤマシギを利用したものだろうと推定されました。これも人魚のミイラと同様、精密な作り物だったことになります。

考えてみれば、こうして日本各地から珍しい物を集めようとするのは、先の『水虎之図』で各地に出没した河童を記録したのとよく似ています。それが一方で図像になり、また一方ではミイラになったのですが、妖怪の具象化という点では一致しています。

八戸における南部信順の収集が蘭学好きから来たことは、すでに触れました。実際、オランダのライデン国立民族学博物館には、長崎にあったオランダ商館の館長が収集した人魚、鬼の首、河童、シロクの蝦蟇《がま》、一角獣、ロクロ首、双頭の竜のミイラが所蔵されています。熱心な収集がこうした物にまで及んだのです。

こうした妖怪の作り物や標本は見世物に使われたものと推定されますが、それが藩主の収集品になり、寺宝や家宝にもなっているのです。多様な価値観の中でこうした物が収集されたのですが、藩主と寺院、民衆との間に何らかの関係があったことを考えてみるべきでしょう。

今回の「江戸　妖怪物語」の展示は、地方にあってそうした思索を進めてゆくための大きな一歩になるにちがいありません。

『遠野物語』を歩く

一　神や死者と共生してきた世界

『遠野物語』というと、山の神や里の神、家の神など神々の世界がすぐにも思い浮かびます。馬と娘の結婚から生まれたオシラサマは、桑の木の軸にオセンダクと呼ばれる布切れを被せてゆきます。色鮮やかなことから写真にもよく撮られ、今では遠野を代表する神のように見なされています。この物語の中には、その他にも、カクラサマ、コンセサマ、オクナイサマなど、実に多くの神々が登場します。

それとともにおびただしく現れるのは、死者たちです。死者と言わないまでも、生死をさまよう魂がふらふらと村人や住職の前に現れたりします。神隠しの話の場合には行方不明になった人間ですが、その生死は必ずしもはっきりしていません。『遠野物語』では、そうした曖昧な領域が豊かに存在し、死者たちをごく身近で懐かしい存在として感じていたように思われます。

しかし、近代化の中で、遠野の暮らしもすっかり変化しました。囲炉裏の火を焚いて、曲がり家で生活する人はもういません。そうした変化は、信仰生活にも緩やかな変容をもたらしてきたはずです。かっての精神性の痕跡を追究しようとするならば、個人の家よりも神社や寺院を探すのがよいかもしれません。そうした場所は最も変化を受けにくく、信仰の力によって、かつての風景がよく残されているからです。

墓地の場合は、跡を継ぐ子孫がいなくなったり、墓を余所に移したりすれば、櫛《くし》の歯が欠けたようになってゆきます。遠野の墓地も例外ではありませんが、今でもよく調べれば、『遠野物語』の関係者たちに会えるような気がします。それは研究の上で重要だというばかりでなく、死と向き合うことを止めて久しい近代社会を見つめ直す契機になるのではないかと思われます。

二　鮭に乗ってきた一族——常福寺

かつて遠野は一円湖水でしたが、その水が猿《さる》ケ《が》石川《いしがわ》になって流れ出て土地が生まれたという話があります（一話）。まさにはじまりの風景です。どういう理由で湖水が流出したのかはもう不明になっていますから、すでに神話は断片化していると言っていいでしょう。しかし、今にも消えそうな神話をかろうじて書きとめた功績は大きいと思われます。

まだ湖水だったとき、宮という家の元祖が鮭《さけ》に乗って気仙口《けせんぐち》を越えて入ってきたという伝えもあります（拾遺一三八話）。ある日、元祖が狩りをしているとき、大鷲《おおわし》に攫《さら》われて南の国に行きますが、鮭に乗って帰ってきたそうです。この家が危難に遭った際には、鮭の皮が流れて救われ、それ以来鮭を食べなくなったとも伝えます（拾遺一三九話）。よほど鮭と因縁の深い一族であると言っていいでしょう。

我々は、これまでの研究の蓄積から、鮭に乗ってきたり、大鷲に攫われたりする話が他にもあることを知っています。従って、そうした話型が遠野にも根づいて、伝説化したということになります。こうした話はしばしば偉人の伝記になることからすれば、この話は宮家の元祖の偉大な事跡を語ったのだと知られます。

実は、遠野の常福寺には宮家の墓があります。その墓には「姓之変遷」として、「藤原―阿曾沼―遠野―倉堀―宮」と刻まれています。元祖は伝説にあるような猟師ではなく、藤原氏の末流であり、中世には遠野を治めた阿曾沼氏につながることになります。興味深いのは倉堀の姓から変わったとしている点でしょう。実は、船に乗って宮家の危難を救ったのは、倉堀家とされているからです（拾遺一三九話）。実際、宮家の墓の隣には、倉堀家の墓が並んでいます。

宮家の一族はすでに遠野を離れ、お墓参りの時に見えるそうですが、聞くところによれば、鮭を食べてはいけないというタブーは今も守られていると言います。こうした墓地を訪ねると、『遠野物語』は今も生きているのだと実感させられます。

三　石臼を持つ先祖の墓――柳玄寺

『遠野物語』に結び付く墓として最もよく知られるのは、常福寺の隣、柳玄寺にある石臼を持つ先祖をかたどった墓でしょう。入口の看板には、『遠野物語』ゆかりの寺であることが書かれています。墓自体が話を具象化しているので、観光には持ってこいということになるようです。

その由来は、今の池端《いけはた》家の先代の主人に関わります（二七話）。主人が閉伊《へい》川《がわ》の原台《はらだい》の淵《ふち》で女性に手紙を託されますが、途中で会った六部が書き換え、物見山にある沼の主から小さな石臼をもらいます。その臼は米粒を入れると黄金を出しましたが、欲深い妻がたくさんの米粒を入れると、くるくる回って水溜まりに消えてしまったそうです。そこが池になり、この家は池の端と呼ばれるようになったと言います。

今、一日市《ひといち》で精米所を営む池端家では、「石臼神社」を大切に祭っています。話からすれば、沼の主からもらった石臼は池に消えたはずですが、伝説はそうした物を再生させて、信仰の対象にしてしまいます。かつては池らしい場所もあったそうですが、今はありません。そうした水のある場所に商家が集まり、市が立つようになった古い記憶が眠っているのです。

池端家のおばあさんに聞いてみると、石臼を持つ先祖の墓は池端家ではなく、今は盛岡に出ている本家池田家の墓であるそうです。よく見ると、確かに、墓石には「池田家」と刻まれています。石臼の話も、元は池田家に伝わったものが、分家した池端家に移ったのかもしれません。

しかも、おばあさんの話によれば、先祖が盗賊に襲われたとき、鮭が並んだ背中の上を渡り、愛宕山《あたごやま》の岸の蘆《あし》につかまって助かりました。それで蘆は片葉になり、この家では鮭を食べなくなったそうです。子供が先に亡くなるような不幸があるといけないので、今でも鮭は食べないと話していました。片葉の蘆は『遠野物語』にも見えます（拾遺三五話）が、そうした話ではありません。

それにしても、先に見た宮家の始祖伝承となんとよく似ていることでしょう。しかも、魚の背を渡る話ということならば、「因幡《いなば》の白兎《しろうさぎ》」がすぐにも思い浮かびます。出雲《いずも》神話のモチーフが、こうして遥か遠い遠野の地に根づいて、今も生きているのです。鮭との深い関係は、やはり遠野のはじまりを語ると言わねばなりません。

四　死者たちが集まる寺――喜清院

町場から東に行った青笹町には、喜清院があります。観光マップには出てきませんので、観光客が訪れることはまずありません。『遠野物語』には「キセイ院」と片仮名で書かれていますので、実在する喜清院とすぐに結びつかないのかもしれません。しかし、『遠野物語』の雰囲気がこれほどよく残っている場所は、なかなかありません。

喜清院

『遠野物語』には、飯豊《いいで》の菊池松之丞という人が傷寒（チフス）を病んで息を引き詰め、菩提寺である喜清院に行った話があります（九七話）。空中を飛んで寺の門に近づくと人が群集しています。門を入ると紅の芥子《けし》の花が咲き満ち、その花の中には死んだ父が立っていて、「お前も来たのか」と言います。さらに行くと死んだ男の子がいて、「トツチャお前も来たか」と言うので、「お前はここに居たのか」と言いながら近づくと、「今来てはいけない」と言われます。門の辺りで名前を呼ぶ者がいてうるさいので、嫌々ながら引き返したら生き返ったそうです。

いわゆる臨死体験の話ですが、全体が魂の視点から語られているところが興味深いと思います。松之丞は意識の深いところで、死者たちは菩提寺喜清院に行くと認識していたことがわかります。死者の魂は山に行くわけではなく、集落の中に存在する寺に行くのです。

喜清院の本堂に入ると、供養絵額が掛けられ、死者の写真が並び、廊下には赤ん坊が亡くなったときに上げた傘と人形が幾つも天井から下がっています。かつての寺は皆こんな雰囲気だったのでしょうが、本堂を改修したりする際に処分してしまうことが多いのです。境内のあちこちにはしだれ桜があって、この木を大切にしていることがわかります。しだれ桜も死者と縁の深い木です。

喜清院は死者の集まる寺だったのです。しかし、恐怖感があるかと言えば、そうではありません。ここに来ると、死が実に身近にあって、やさしく見守られているという思いを深くします。こうした仕組みを失ってしまったのは、たぶん死を遠ざけてきた近代の感覚が作用しているにちがいありません。今も松之丞は喜清院に眠っているはずですから、その墓にお参りしてみたいと思うのです。

五　死者たちの『遠野物語』を訪ねる

ここに述べた中では、石臼を持つ墓や石臼神社に看板がありますが、他は観光客が訪れることはほとんどありません。遠野に住む人でさえ、『遠野物語』との関係を意識している人はわずかでしょう。本当に『遠野物語』に関わるような場所は、観光地にならないことでひっそりと維持されてきたのです。

とりわけ『遠野物語』の場合、個人情報が多く含まれるだけに、事件の現場に踏み込むことはためらわれます。天狗の持ち物や釜といった品物であれば、博物館が受け入れ先になりますが、そうでないものはなかなか保存が難しいと思います。そうしている間に、多くの現場はすっかり変貌したり、ゆかりの品物がなくなったりしたことも否定できません。

それに較べて、墓は公開されているぶん、貴重な情報源になるでしょう。土淵町の山口集落にあるダンノハナは『遠野物語』にも見える共同墓地であり、佐々木喜善もそこに眠ります。ダンノハナを訪ねると、『遠野物語』に関係する家の墓が散見します。話に出て来た人々の多くが、今もここに眠っているにちがいありません。

死者たちの世界からもう一度、『遠野物語』を読み直せないものかと思います。その時に、墓地は大切な場所になるでしょう。そこに刻まれた情報の集積からは、誰も気づかなかった『遠野物語』が立ち現れてくるにちがいありません。もうしばらく丹念に、『遠野物語』ゆかりの寺を歩いてみたいと思うのです。

東北文化史の古層へ

一　一〇〇年史の中にある『遠野物語』

柳田国男は遠野の人佐々木喜善から話を聞いて、明治四三年（一九一〇）に『遠野物語』を発刊しました。一一九話の中には、オシラサマやオクナイサマ、ザシキワラシ、山男、山女、天狗《てんぐ》、河童《かっぱ》などが登場します。遠野は山々に囲まれた小盆地ですが、この物語には里や山で神と妖怪を信じて生きてきた人々が鮮やかに刻印されています。それは、近代文明が急速に発達する一方で、山地に古い文化が生きつづけていることの発見でした。

今では有名になった『遠野物語』ですが、当時これを評価したのは泉鏡花《いずみきょうか》と芥川竜之介《あくたがわりゅうのすけ》くらいで、多くの人は趣味本意の書物にすぎないと見ていました。しかし、この発刊が機縁になって、地方に埋もれた文化への見直しが始まり、やがて民俗学が生まれました。人々の語る伝承の比較によって日本人の歴史がわかるというのは、まったく新しい学問の誕生でした。

一方、佐々木は遠野に住んで、ザシキワラシやオシラサマを研究しましたが、特に力を注いだのは昔話の採集でした。その成果は、浅倉利蔵《あさくらりぞう》の話を聞いた『江刺郡昔話《えさしぐんむかしばなし》』、小笠原謙吉の資料を書き直した『紫波郡昔話《しわぐんむかしばなし》』、遠野の辷石谷江《はねいしたにえ》の話をまとめた『老媼夜譚《ろうおうやたん》』、そして、東北北部の昔話を集大成した『聴耳草紙《ききみみぞうし》』として刊行されました。

しかし、佐々木は早く亡くなり、柳田は彼が集めた伝説資料の散佚《さんいつ》を恐れて、昭和一〇年（一九三五）に『遠野物語　増補版』を発刊しました。初版は佐々木一人の話をまとめたものでしたが、増補版に収められた「遠野物語拾遺」は、彼自身の記憶のほかに、さまざまな人からの聞き書きや報告を得てまとめられています。柳田には気に入らない話（おそらく性に関わる話でしょう）も含まれていましたが、それらを残した二九九話が載りました。

佐々木の生前、遠野では謄写版を作成して遠野物語朗読会を行い、『遠野物語』を「名著」として評価しましたが、長くは続きませんでした。『遠野物語』は民俗学の誕生を告げた書物として評価されはじめていましたが、一部の人が関心を寄せる程度でした。特に地元では、家や村の負の話まで克明に書いてあることに対する抵抗感が大きかったにちがいありません。遠野の貧しさや遅れを示す書物として封印してきたところさえあったはずです。

遠野で『遠野物語』が再発見されたのは新しく、昭和四五年（一九七〇）ごろからでした。岩手国体の実施に当たって、地域の文化を観光資源として活用することが図られましたが、その年はちょうど発刊六〇年にあたっていました。その後、遠野では、民俗学資料に重点を置いた博物館、佐々木喜善記念館を核にした伝承園、柳翁宿《りゅうおうしゅく》と柳田の隠居所を含むとおの昔話村、南部の曲がり家を移築した遠野ふるさと村といった施設を整備しました。

また、そうした施設で、語り部が観光客に昔話を語りはじめました。そこで語ったのは純粋な昔話ではなく、オシラサマやザシキワラシ、河童の話でした。それらは『遠野物語』にある伝説でしたが、それによって、『遠野物語』は今も生きているという仕組みができあがりました。家庭では昔話を語る機会を失いましたが、語り部が観光の場で復活させたのです。それは、民俗学の誕生を促した場所で始まった新しい実験でした。

振り返ってみれば、遠野は、四〇年近い歳月をかけて、行政はもとより、市民一人一人が何らかのかたちで『遠野物語』と向き合い、町づくりをしてきたことになります。その成果が実って、今や「民話のふるさと遠野」としての評価を固めつつあると言っていいでしょう。

二　高橋貞子さんが見た「不思議の国・岩泉」

岩泉の高橋貞子さんは、昭和五二年（一九七七）、『火っこをたんもうれ―岩泉の昔ばなし―』を発刊しました。地元の昔話一〇〇話を厳選して、世に送り出したのです。佐々木の『聴耳草紙』に、野崎君子という人の語った岩泉の話が載っていますが、まとまったものではありませんでした。『火っこをたんもうれ』は本格的な昔話集であり、それによって、岩泉は日本の昔話研究において忘れられない場所になったのです。

かつての同僚でもあった児童文学者の平野直《ひらのただし》はこの本に寄せた「序」で、「百編は、いずれも今、土から掘り起したばかりに耀《かがや》いている。よくもまあ、こんなに誰の手にも汚されず、保管されていたものと、私は編者に敬意を表する」と述べました。この昔話集を一読すれば、誰もが抱く感懐だったにちがいありません。

すでに述べたように、岩手県は、佐々木喜善の努力によって、昔話採集の先進地になりました。それに刺激されて、早く森口多里《もりぐちたり》の『黄金《こがね》の馬《うま》』がありましたし、菊池勇の『二戸《にのへ》の昔話《むかしばなし》』、小笠原謙吉《おがさわらけんきち》の『紫波郡昔話集』、平野直の『すねこ・たんぱこ』が続きました。しかし、戦後、岩手県は継承者もない状態で、学界から忘れられていったのです。

そうした状況の中で、岩泉に暮らす女性が一冊の昔話集を刊行したのです。それまでの採集がみな男性で進められてきたことを思うとき、これは大きな事件だったにちがいありません。国内を見ても、鹿児島に有馬英子、新潟・岩手に丸山久子、山形に野村敬子、秋田に今村泰子の成果が出てきて、ちょうど女性研究者の活躍が始まった時期でした。

今になって見れば重要なのは、平野も指摘するように、「パラリと蒔《ま》いては、チリンと食い」「よーいとこらさァ、スココンコン」といった話名がついていることです。これらは一定のリズムを持ったフレーズで、語り手が記憶の底から昔話を呼び起こすための言葉でした。比較研究に供するためならば、「雀《すずめ》の仇討《あだう》ち」「尻尾《しっぽ》の釣《つ》り」と命名したほうが便利だったはずですが、そうしなかったところに、この昔話集の哲学があります。

その後、高橋さんは、翌昭和五三年（一九七八）に『まわりまわりのめんどすこ―続・岩泉の昔ばなし

―』、さらに平成三年（一九九一年）に『岩泉の昔ばなし　昔なむし』、平成一三年（二〇〇一）には『岩泉の昔ばなし　白蕪《しろかぶ》っ子《こ》』を刊行しています。「岩泉の昔ばなし四部作」と呼んでいいものでしょう。『昔なむし』の巻末にある「岩泉地方の昔ばなしとわたくし」には、幼少時に昔話を聞いた思い出から、家業と子育てをしながら採集と執筆を行った様子が書かれています。店先や汽車の中が聞き書きの場であり、夜中や早朝が原稿用紙に向かう時間だったのです。書くことへの執念と信頼が、こうした貴重な資料集を生みだしたのです。

やがて高橋さんの関心は、昔話から伝説に移り、平成八年（一九九六）に『河童を見た人びと』、平成一五年（二〇〇三）に『座敷わらしを見た人びと』を発刊しています。河童もザシキワラシも『遠野物語』でよく知られるようになりましたが、それを岩泉に絞り込んでまとめたのです。長年にわたるひたむきな聞き書きが大きなテーマになって、それぞれの書物に結実したことがわかります。

昔話研究者の野村純一は、『座敷わらしを見た人びと』に寄せた「簇出《そうしゅつ》する座敷わらし」で、「今回のこの一冊は、ひょっとすると、〝『遠野物語』以前の話〟といった位置を示すかも知れない」と結んでいます。河童やザシキワラシを見た人びとの発見は、民俗学の聖典とされる『遠野物語』に揺さぶりをかけているようにさえ感じました。

三　『岩泉物語』の掘り下げた精神の深さ

ずいぶん長い前置きになりましたが、この度、高橋さんが書かれた『岩泉物語――聞き書きノート―

――』を読みとおして、最初に考えたのは、ここに述べてきたような、『遠野物語』のたどった歴史であり、高橋さんの歩んだ人生でした。すでに『岩泉物語』という命名そのものが『遠野物語』を強く意識したものであり、こう言ってよければ、『遠野物語』への果敢なる挑戦のように思われたからです。

実は、『遠野物語』を受け継ぐような書物は、これまでついに書かれませんでした。この物語は佐々木の話を柳田が研ぎ澄まされた文語体で書いていて、そこに偉大な達成があります。しかし、そうした敬仰が先行するだけで、この物語を孤立させてしまったことも事実です。発刊から一〇〇年が経とうとしている今になって、やっとこれに学んだ物語が誕生するのです。

しかし、『岩泉物語』が模範にしたのは、『遠野物語』の初版ではなく、増補版だったと思われます。これは一人の話し手から聞いたものではなく、岩泉に暮らす複数の話し手から聞き集めたものだからです。そうした方法で作られたのが「遠野物語拾遺」だったことは、すでに述べたとおりです。高橋さんが意識していたのは、柳田よりも、遠野に暮らした佐々木のほうだったにちがいありません。

それにしても、『岩泉物語』は、一読すればわかるように、河童やザシキワラシのような大きなテーマが存在しません。むしろ、こうしたものから洩《も》れてしまう話のかずかずです。便宜的に六章に分けて、関連する話をまとめることを勧めましたが、当初送られてきた原稿はまったくの雑纂と言ってよいものでした。

しかし、話というものは、分類した途端にその生命が枯渇してしまうことも確かです。仮に緩やかに分けても、本来は分類を拒絶する壮大な集積であることを忘れてはなりません。これまでの民俗誌や市町村史の民俗編は無味乾燥の文体で書かれていて、ほとんどが読むに堪えないのに比べて、『岩泉物語』はそれぞれが話になっているので、夢中になって読むことができます。

この中には、『遠野物語』に通じるような不思議な話がいくつも見つかりますが、むしろ、私が心ひかれたのは、小正月などに見られる「世中見《よなかみ》」という行事でした。「世中」は作柄を意味しますので、「世中見」は、その年の作柄を占う予祝行事であることがわかります。「たくらべ」というのも、この一種です。人々がその年の作柄にどれほどの思いを寄せていたかが想像されます。

『遠野物語』の一〇五話にも「世中見」があり、小正月に、種々の色の米が鏡餅に付く様子でその年の豊作を占い、早中晩の稲の種類を選択したそうです。一〇四話は「月見」という行事で、胡桃《くるみ》の実を炉の火にくべて、その焼けぐあいでその年の天候を占い、農作業の時期を考えていますが、これも「世中見」の一種でしょう。

それに対して、『岩泉物語』には、多くの「世中見」が見つかります。なかでも印象的なのは、「やませ（偏東風）を聞く行事」です。「やませ」は山を越えて吹く風のことですが、特に、夏、東北地方の太平洋岸に吹く北東風をいい、これが吹くと冷害になります。「やませを聞く八幡様のおこもり」には、「一月十六日の丑《うし》の刻（午前二時）になると、やませの音を聞きました。人びとは、八幡様の前に集まって、たとえば、海のほうからごうごうと風が吹けば、「今年は荒れるぞ、嵐があるらしい」といい、北のほうからごうごうと吹いてくれれば、「今年は冬が荒れるぞ」といい、南のほうから吹いてくれれば、「今年は豊作だ」といい、何の音もなければ、「今年は静かでよい年だ」と言い合って、世中見をしました」

という一節があります。

また、「一月十五日の神様詣りの風景」は、高橋さん自身の戦前の体験を書いたものですが、下岩泉の子どもたちが参詣人に水を差し出す「水売り」の様子が見えます。それに続いて、「参詣をすませて境内を降りてくるときのことでした。父は、階段のところで立ち止まりました。風の動きを聞いておりましたが、「世中見」だったと思います」と書いています。

さりげない一瞬ですが、岩泉人の生き方がよくわかります。人々は大地の風音を聞いて生きてきたのです。「自然との共生」というのは、こんな暮らし方にあったのだと認識することができます。それは、年中行事化される以前から続いてきたふるまいで、「世中」は沖縄の「世《ゆ》」と通底することは明白ですから、これは縄文時代以来息づいてきた感性ではないかと思われます。『岩泉物語』の魅力は、こうした細やかな記述との出会いにあります。

日本の地方は、今、それぞれの地域をわしづかみにする物語を持つことが必要になっています。古いものは大切にしなければいけないという決まり文句ではなく、そこにある地域の息づかいは、文明が発達しても忘れてならない記憶だからです。この物語は、高橋さん個人の思いを越えて、岩泉の未来を創るための原点になるものと確信します。多くの方が、ここから新しい文化を創造してくださることを願ってやみません。

参考文献

石井正己「昔話叙述の方法——小笠原謙吉と佐々木喜善」『口承文芸研究』第一八号、一九九五年
石井正己『図説　遠野物語の世界』河出書房新社、二〇〇〇年
石井正己『遠野物語の誕生』若草書房、二〇〇〇年。後に、ちくま学芸文庫、二〇〇五年
石井正己『遠野の民話と語り部』三弥井書店、二〇〇二年
石井正己『柳田国男と遠野物語』三弥井書店、二〇〇三年
石井正己「佐々木喜善論——口承文芸への逆襲」『口承文芸研究』第二八号、二〇〇五年
石井正己『昔話の保存と活用に関する総合的研究』東京学芸大学、二〇〇五年
石井正己編・遠野高校社会科研究会著『上閉伊今昔物語』東京学芸大学、二〇〇八年
石井正己編『昔話を語る女性たち』三弥井書店、二〇〇八年
石井正己『民俗学と現代』三弥井書店、二〇〇八年
石井正己『『遠野物語』を読み解く』平凡社、二〇〇九年
石井正己・遠野物語研究所編『遠野物語と21世紀　近代日本への挑戦』三弥井書店、二〇〇九年
石井正己編・佐々木喜善著『遠野奇談』河出書房新社、二〇〇九年
石井正己（研究代表者）『韓国と日本をむすぶ昔話～国際化時代の研究と教育を考えるために～』東京学芸大学、二〇一〇年
石内徹編『柳田国男『遠野物語』作品論集成』大空社、一九九六年

石田英一郎『河童駒引考』筑摩書房、一九四八年
稲田浩二責任編集『日本昔話通観　研究篇1』同朋舎、一九九三年
稲田浩二責任編集『日本昔話通観　研究篇2』同朋舎、一九九八年
井上ひさし『新釈遠野物語』筑摩書房、一九七六年
岩手県立博物館編『生と死と』岩手県立博物館、二〇〇六年
岩本由輝『もう一つの遠野物語』刀水書房、一九八三年
香川雅信『江戸の妖怪革命』河出書房新社、二〇〇五年
香川雅信他『知るを楽しむ 歴史に好奇心　江戸のなんでも見てやろう』第二巻第二四号、二〇〇七年
加藤秀俊・米山俊直『北上の文化』社会思想社、一九六三年
川島秀一『ザシキワラシの見えるとき』三弥井書店、一九九九年
川村湊『「大東亜民俗学」の虚実』講談社、一九九六年
金田一京助『北の人』梓書房、一九三四年
草野心平編『宮沢賢治研究』十字屋書店、一九三九年
国立科学博物館編『化け物の文化誌』国立科学博物館、二〇〇六年
佐々木喜善『佐々木喜善全集』遠野市立博物館、一九八六～二〇〇三年
下中邦彦編『平凡社大百科事典　10』一九八五年
釈迢空（折口信夫）『古代感愛集』青磁社、一九四七年、角川書店、一九五二年
関敬吾『日本昔話大成』角川書店、一九七八～一九八〇年

関登久也『北国小記』十字屋書店、一九四一年
立石展大「日中「小鳥前生譚」の比較研究」『口承文芸研究』第二七号、二〇〇四年
俵田藤次郎・高橋幸吉『増補改訂版遠野ことば』私家版、一九八八年
千葉博「万吉米屋、「清六天狗」とかかわること」『遠野物語研究』第九号、二〇〇六年
知里幸恵『アイヌ神謡集』郷土研究社、一九二三年
遠野市史編修委員会編『遠野市史　第四巻』遠野市、一九七七年
遠野市立博物館編『遠野の野鳥』遠野市立博物館、一九八三年
遠野市立博物館編『日本のグリム佐々木喜善』遠野市立博物館、二〇〇四年
遠野市立博物館編『宮沢賢治と遠野』遠野市立博物館、二〇〇六年
遠野市立博物館編『ザシキワラシ』遠野市立博物館、二〇〇七年
遠野物語研究所編『『遠野物語』ゼミナール講義記録』遠野物語研究所、一九九六年〜（刊行中）
留場栄『むらことば事典』私家版、一九九三年
長崎市立博物館・江戸東京博物館編『秘蔵カピタンの江戸コレクション』長崎市立博物館・江戸東京博物館、二〇〇〇年
内藤正敏『聞き書き遠野物語』新人物往来社、一九七八年
内藤正敏『遠野物語の原風景』筑摩書房、一九九四年
内藤正敏『東北の聖と賤　民俗の発見Ⅰ』法政大学出版局、二〇〇七年
中沢新一『カイエ・ソバージュ』講談社、二〇〇二〜二〇〇六年

日本口承文芸学会編『シリーズ　ことばの世界』三弥井書店、二〇〇七〜二〇〇八年
日本民話の会・外国民話研究会編訳『世界の鳥の民話』三弥井書店、二〇〇四年
花部英雄「鳥の昔話と飢饉――「山鳩不孝」を中心に――」『昔話―研究と資料―』第二九号、二〇〇一年
前田愛『近代読者の成立』有精堂、一九七三年
松谷みよ子『あの世からのことづて』筑摩書房、一九八四年
松谷みよ子『現代の民話』中央公論新社、二〇〇〇年
宮沢賢治『宮沢賢治全集　7』筑摩書房、一九八五年
村井紀『南島イデオロギーの発生』福武書店、一九九二年
山口弥一郎『津浪と村』恒春閣書房、一九四三年
柳田国男監修『日本昔話名彙』日本放送出版協会、一九四八年
柳田国男『柳田国男全集』筑摩書房、一九九七年〜（刊行中）
山下久男著・石井正己編『雪高き閉伊の遠野の物語せよ』遠野市立博物館、二〇〇〇年
吉本隆明『共同幻想論』河出書房新社、一九六八年
吉本隆明『アフリカ的段階について』春秋社、一九九八年
米山俊直『小盆地宇宙と日本文化』岩波書店、一九八九年
和辻哲郎『風土』岩波書店、一九三五年

初出一覧

表記をデス・マス体に統一したほか、講演の挨拶等を削除するなどしたところがあります。

発刊一〇〇年を迎える『遠野物語』……初出「発刊百年を迎える『遠野物語』」『教育学術新聞』第二三八五号、二〇一〇年一月一日
近代日本と『遠野物語』……『『遠野物語』の誕生』遠野物語研究所、二〇〇八年三月
『遠野物語』と宮沢賢治……『神仏・自然・人間の共生』遠野物語研究所、二〇〇九年三月
日本のグリム・佐々木喜善の偉業……書き下ろし
人類史の中の『遠野物語』……書き下ろし
「声」の発見——柳田国男と『遠野物語』……『口承文芸研究』第三〇号、二〇〇七年三月
柳田国男の伝説研究——『遠野物語』から『山島民譚集』へ……『解釈と鑑賞』第七〇巻第一〇号、二〇〇五年一〇月
つたえる——佐々木喜善『聴耳草紙』の再発見……『口承文芸研究』第三二号、二〇〇九年三月
津波と柳田国男……石井正己『佐々木喜善資料の調査と公開に関する基礎的研究』東京学芸大学、二〇〇七年二月
人魚・河童・天狗——南部藩妖怪事情……八戸市博物館編『江戸　妖怪物語』八戸市博物館、二〇〇七年七月
『遠野物語』を歩く……『まほら』第六一号、二〇〇九年一〇月
東北文化史の古層へ……石井正己監修・高橋貞子著『山神を見た人びと』岩田書院、二〇〇九年三月

あとがき――揺らぐ『遠野物語』と未来

本書の校正が届いた四月二四日、成城大学において説話文学会四月例会が開催され、「柳田国男の説話学を読み直す」のシンポジウムにパネリストの一人として参加しました。国文学の説話文学研究と民俗学の口承文芸研究は近い領域を扱いながら、文献と伝承という二分法から次第に溝を深くしてしまいました。そうした関係を再構築したいというのは、かねてからの願いでもありましたので、うれしい機会でした。なつかしい方や若い方との出会いは、大きな刺激になりました。

説話文学研究は国際化の中でアジアやヨーロッパと学術交流を展開し、その領域を拡大してきました。今、国文学の世界では最も元気がある研究分野と言えましょう。それに対して、口承文芸研究は早くから世界とのつながりが指摘されながら、日本では「一国民俗学」の呪縛からなかなか解放されません。私自身は説話文学研究の影響を受けながら、この三年ほど、「植民地時代と口承文芸研究」について考えてきました。国際化の流れは、分かれてしまった学問を引き寄せる場を作ったと言ってもいいでしょう。

このシンポジウムでは「柳田国男と説話研究」と題して、『遠野物語』を素材にして、柳田国男の思考について報告しました。「今昔物語」と「御伽百物語」を否定しながら、『遠野物語』を発刊するところからして、すでに説話文学からの切断があったことになります。それでいながら、一方では『今昔物語集』に学びつつ『遠野物語』を書き上げるのです。後に『今昔物語集』を「笑いの文学」として高く評価することになるのも、『今昔物語集』との一筋縄ではゆかない関係を考えねばなりません。『今昔物語集』との離反と接近は、「一国民俗学」では括れない問題を抱えています。

すでに、柳田国男と『今昔物語集』の一端は、『柳田国男と遠野物語』や『民俗学と現代』に述べましたので、詳細は両書に譲ります。むしろ、今回のシンポジウムで明確になったのは、『遠野物語』は「国内化」と「国際化」の中で大きく揺らいでいるということでした。「国内化」への推進はやがて「一国民俗学」の構築へつながりますが、「国際化」への視線は『昔話覚書』があるものの、世界的な比較研究へは展開されませんでした。それでもやはり、『遠野物語』の揺らぎは、今なお未来に向かって開かれているように思われます。

○

今年は『遠野物語』発刊一〇〇年にあたりますので、巻頭には、今年の新年号に載せた「発刊一〇〇年を迎える『遠野物語』」を置きました。『源氏物語』に『遠野物語』的な世界が息づくというのは、物語文学との架橋を意図しています。こうした発想は、最初の拙著『絵と語りから物語を読む』以来のものですが、昨秋、京都大学で行われた「『遠野物語』と古典」のフォーラムでくっきりとしたかたちになりました。

本書の中心になる文章は、この三年間、遠野物語研究所のみなさんと実施してきた遠野物語ゼミナールの講演で構成しています。「近代日本と『遠野物語』」「『遠野物語』と宮沢賢治」「日本のグリム・佐々木喜善の偉業」は東京会場の基調講演で、「人類史の中の『遠野物語』」は遠野会場の総括講演になります。私の発言だけを抜き取ってわかりにくくなっているところがあるかもしれませんが、全体は遠野物語研究所で発行している記録集に残されています。

こうした講演は多くの方を前に資料も用意せずにお話ししたものですので、細部の論証は抜きにしています。そこで、近年、雑誌や図録に寄せた『遠野物語』に関する文章を載せて補いました。『遠野物語』や『雪国の春』は古典になりつつあると言ってもいいでしょうが、決して古びていません。私たちに問題意識があれば、一〇〇年という時間を超えて未来を開いてゆく力があるように思います。これらの文章は叙述の細部にこだわりながらも、現代的な意義をつかみ取ろうとした実践だったと言っていいでしょう。

昨春発刊した『『遠野物語』を読み解く』は一カ月で書き上げたものですが、本書に載せた講演や執筆と深い関係があります。あの本で提示したのは、『遠野物語』や『遠野物語　増補版』が永遠に変わらぬ日本ではなく、古いものがどんどん崩れて新しくなってゆく姿でした。物語が生まれて消えてゆくというのは、やはり必然性があったのだということがよくわかりました。そして、「親殺し」「子殺し」を取り上げるだけでも、一〇〇年後の日本がそうした呪縛から自由でないことを実感します。折口信夫の言葉を借りれば、『遠野物語』もまた「反省の文学」だということになります。

○

本年の遠野物語ゼミナール東京会場は、六月二六日、四谷区民ホールで開催されます。新宿区を会場にお願いしたのは、『遠野物語』の聞き書きが行われた柳田国男邸が牛込区市谷加賀町にあったことによります。今度のゼミナールは、『遠野物語』が東京で生まれたという本質を考える機会になるように思います。それは、柳田国男が『遠野物語』の舞台遠野を訪れたこととしっかり向き合うことにもなるはずです。反対する意見もありますが、開かれた豊かな交流の中にしか『遠野物語』の未来はない、と断言することができます。

この間、遠野物語ゼミナールとともに、遠野物語研究所のみなさんと進めてきたのは「遠野物語と21世紀」の発刊でした。昨年の『近代日本への挑戦』は明治時代に焦点をあて、本書に先立って刊行される『東北日本の古層へ』は東北地方に焦点をあてました。巻頭エッセイをはじめ、対談、特集、特別寄稿、小特集、ガイドブックに、多くの方々のお力添えを賜りました。どれも書き下ろしの力作で、新しい『遠野物語』の読み方が随所に示されています。次に出す『国際化時代の意義』(仮称)は、さらに広い分野から寄稿を得て進める予定です。

本書をはじめ、こうした成果を世に出すことを全面的に支えてくださったのは、三弥井書店の吉田榮治社長と吉田智恵さんのお力に負うところが大きいことは言うまでもありません。『子どもに昔話を!』『昔話を語る女性たち』『昔話と絵本』の三冊も、遠野昔話ゼミナールの記録を軸にしたものです。今年のうちにも、菅江真澄と語り部に関する単著二冊と、昔話と『遠野物語』に関する編著二冊の刊行が予定されています。揺るぎない信頼の中でのお力添えに、改めて感謝の気持ちを申し上げたいと思います。

私自身は、これまでの研究や実践の継続とともに、アジアの植民地時代を視野に入れた領域に移りつつあります。国内はもとより、台湾、韓国、中国に多くの仲間が増えてきました。『遠野物語』も、そうした場で考えてゆくことになるでしょう。『遠野物語』のフォーラムをソウルや北京で開催することも、夢ではなくなりました。本書で述べたようなことが国際的な議論になってゆけば、これ以上の幸せはありません。お力添えくださる方々に支えられて、もう一働きしてみたいと思います。

なお、本書の校正には、大学院に進学して日本語の研究を始めた娘久美子が関わってくれたことを申し添えます。時代は少しずつ確実に動いているのだと実感せざるをえません。

二〇一〇年五月五日

新緑の東京にて　石　井　正　己

石井正己（いしい・まさみ）

1958年、東京都に生まれる。東京学芸大学教授。日本文学・口承文芸学専攻。
単著に『絵と語りから物語を読む』（大修館書店）、『図説・遠野物語の世界』『図説・日本の昔話』『図説・源氏物語』『図説・百人一首』『図説・古事記』（以上、河出書房新社）、『遠野物語の誕生』（筑摩書房）、『桃太郎はニートだった！』（講談社）、『遠野の民話と語り部』『柳田国男と遠野物語』『物語の世界へ』『民俗学と現代』（以上、三弥井書店）、『『遠野物語』を読み解く』（平凡社）、編著に『子どもに昔話を！』『昔話を語る女性たち』『昔話と絵本』（以上、三弥井書店）、『遠野奇談』（河出書房新社）、『新・国語の便覧』『国語の窓』（以上、正進社）、共編著に『柳田国男全集』（筑摩書房）、『全訳古語辞典』『全訳学習古語辞典』（以上、旺文社）、『近代日本への挑戦』『東北日本の古層へ』（以上、三弥井書店）、監修に『マンガなるほど語源物語』（国立印刷局）、『遠野物語辞典』（岩田書院）など。
旅の文化研究所運営評議委員、遠野物語研究所研究主幹。

『遠野物語』へのご招待

平成22年6月18日　初版発行

定価はカバーに表示してあります。

著　者　ⓒ石井正巳
発行者　吉田榮治
印刷所　シナノ印刷
発行所　株式会社　三弥井書店
〒108-0073 東京都港区三田3-2-39
電話 03-3452-8069 振替00190-8-21125

ISBN978-4-8382-3197-3 C0039